初級から超級まで

STEP式

にほんご練習帳

接続表現

Connective Expressions

Step by Step Japanese Exercise Book
(from beginners to advanced learners)

松本 節子
長友 恵美子
浜畑 祐子
佐久間 良子
難波 房枝
松倉 有紀

UNICOM

はじめに

自然な日本語を話したり、書いたりするためには、どんな接続表現を使うのが、より自然であるかを見分けて、使い分ける力を持たなければなりません。この本で、日本人が感覚的に持っている「接続表現」の使い方を勉強してください。

接続表現は、「話していないこと」や「書かれていないこと」などを暗示する機能も持っています。これがわからないと、会話などを十分に理解することができません。この本では、接続詞、副詞など「接続表現」として使われるものを、意味別にとりあげてあります。意味は同じでも、それぞれの使い方には特徴があります。「この場合はこの接続表現を使うのだ」とひと目ではっきりわかるように説明してありますので、この本で自然な日本語が使えるまで繰り返し勉強してください。

✱初級から超級までの、こんな方におすすめです

＊初級の日本語を勉強中で、「接続表現」の使い方がわからない方。
＊中級以上の日本語力があるが、「接続表現」の使い方に自信がない方。
＊上級以上の日本語力があるが、もう一度「接続表現」の使い方の復習がしたい方。
＊ニュアンスの違いを理解して、自然で誤解されない日本語を勉強したい方。

✱STEP1～3の3段階で、自分の力に合ったレベルから、勉強できます

＊STEP 1　スタートアップ　　初級表現の使い方１～11

＊はじめにある「ウォーミングアップ」で、接続表現がある場合とない場合の文の違いが理解できます。
＊初級から中級のはじめに使われる「接続表現」を集めてあります。

＊例文や練習問題は、初級の人にでもわかるように、「わかちがき」で書いてあります。

＊初級で使う漢字だけを使いました。

＊STEP 2　ステップアップ　中級表現の使い方 12～21

＊中級に使われる「接続表現」を集めてあります。

＊STEP 3　ブラッシュアップ　上級表現の使い方 22～33

＊中級後半から上級・超級に使われる「接続表現」を集めてあります。

＊付録＋ちょっとテスト

＊付録やちょっとテストには、学習した「接続表現」を使った読解文があります。長文を読んで、「接続表現」が文章に深い意味や感情を入れることを実感してください。

＊「コラム」で比較できます

＊コラム（column）では、よく使う表現をとりあげ、間違えずに使えるように説明がしてあります。

＊豊富な練習問題があります

＊たくさんの種類の問題をしていくうちに自然に「接続表現」の使い方・意味の違いを覚えることができます。

＊ひとつひとつ手で書く形式の問題が多いので、確実に「接続表現」を覚えることができます。

＊全部の説明文・例文には、英語の翻訳が付いています

＊この本の英訳は、元の日本語がわかるように、直訳してあるので、自然な英語ではありません。

＊この本の「he」は「she、they」も表しています。

＊英語にはできない表現には、翻訳が付けてありません。

Introduction

In order to speak and write natural Japanese you need to have the ability to naturally distinguish which Connective Expressions to use. Please use this book to study how native Japanese speakers use Connective Expressions intuitively.

Connective Expressions have the function of showing things that are "not said" or "not written." Without understanding these you cannot fully understand conversations, etc. This book shows by meaning how conjunctions, adverbs, etc., are used as Connective Expressions. Even though they may have the same meaning there are various special features relating to usage. There are clear explanations of how the Connective Expressions are used in each case, so study this book repeatedly until you can use natural Japanese.

✱ This book is recommended for beginners to highly advanced level students

- ∗ For beginners who do not understand the usage of Connective Expressions.
- ∗ For students at middle or higher levels of Japanese but have no confidence in usage of Connective Expressions.
- ∗ For students with advanced or above level Japanese ability who want to practice the usage of Connective Expressions one more time.
- ∗ And for students who want to study how to speak natural Japanese without causing misunderstandings by truly understanding the differences in nuance.

✱ You can study at a level determined by your own ability from STEPS 1 through 3

∗ STEP 1 Start Up Beginner's Expressions Usage 1 - 11

- ∗ In the first part "Warm Up" you can understand the differences between types of sentences that do and do not contain Connective Expressions.
- ∗ Collection of Connective Expressions that can be used from beginner to early intermediate level.
- ∗ The example sentences and problems are written with spaces ("wakachigaki") so that even beginners can understand them.
- ∗ Only beginners level Kanji are used for the example sentences and problems.

＊ STEP 2 Step Up Intermediate Expressions Usage 12 - 21

＊ Collection Connective Expressions used at intermediate level.

＊ STEP 3 Brush Up Advanced Expressions Usage 22 - 33

＊ Collection of Connective Expressions used from upper middle through advanced/super advanced levels.

✱ Appendices and Mini-tests

＊ There are reading comprehension sentences using the Connective Expressions you studied in the Appendices and Mini-tests. Please read the longer texts and try to feel how the Connective Expressions add a deeper meaning and feeling to the sentences.

✱ You can compare them in the "Column"

＊ Often used expressions are shown in the Column with explanations, so you can use them without making mistakes.

✱ You can do many practice problems

＊ You can naturally learn the differences in usage/meaning of Connective Expressions by doing lots of types of problems.

＊ There are many written problems so you can fully learn Connective Expressions.

✱ English translations are provided for the explanations and example sentences

＊ The English is a direct translation in order to understand the Japanese and may not be natural English.

＊ Japanese sentences often do not include pronouns, so the word "he" is used for both "she" and "they."

＊ When not possible some sentences are not translated.

もくじ　Contents

STEP2 ステップアップ　Step Up

STEP3 ブラッシュアップ　Brush Up

STEP 1

スタートアップ

初級表現の使い方 1 ～ 11

Start Up

Beginner's Expressions Usage 1 - 11

ウォーミングアップ　Warm Up

✱ 接続表現とは？　What are Connective Expressions?

前文 ＋ **接続表現** ＋ **後文**（語・節・文・文のまとまり）

[Prior phrase] + Connective Expression + [Subsequent phrase (word/clause/sentence/conjugated sentences)]

接続表現は、２つ以上の文などをつなぐもので、前後の関係をあらわし、文全体の意味をはっきりさせる。

A Connective Expression connects two or more phrases. The meaning of the entire phrase is made clearer by showing the connection of the Prior phrase with the Subseqment phrase.

[接続表現がない場合]　Example without a Connective Expression

例 いっしょうけんめい　しごとを　した。　びょうきに　なった。

I worked as hard as I could.　I got sick.

※ 事実をのべているだけで、前文と後文の意味の関係がわからない。

※ Just describes the facts. The connection between the Prior phrase and Subsequent phrase is not clear.

[接続表現を間に入れた場合]　Example with a Connective Expression

※ 接続表現を入れると、前文と後文のもつ意味がはっきりする。
〈だから〉は「原因があって、後文の内容が起きたこと」をあらわす。
〈しかし〉は「原因と反対のことが起きたこと」をあらわす。

※ Usage of a Connective Expression clarifies the meaning of the Prior and Subsequent phrases.
〈dakara, so〉 shows that the Subsequent phrase happened because of a cause.
〈shikashi, however〉 shows that Subsequent phrase happened in spite of the cause.

「だから」から予想できるもの

例 ①いっしょうけんめい　しごとを　した。<u>だから</u>　びょうきに　なった。

原因　　　　結果

I worked as hard as I could. So I got sick.

例 ②いっしょうけんめい　しごとを　した。<u>しかし</u>　びょうきに　なった。

原因　　　　結果

「しかし」から予想できるもの

I worked as hard as I could. However, I got sick.

[接続表現の使い方] Connective Expression Usage

たとえば、「原因」があって起きた「結果」を後文であらわしたい場合には、前文と後文の関係で接続表現を使い分ける。

For example, when you want to show a result (in the Subsequent phrase) that occurred from a cause (in the Prior phrase), you can show the connection by using a Connective Expression.

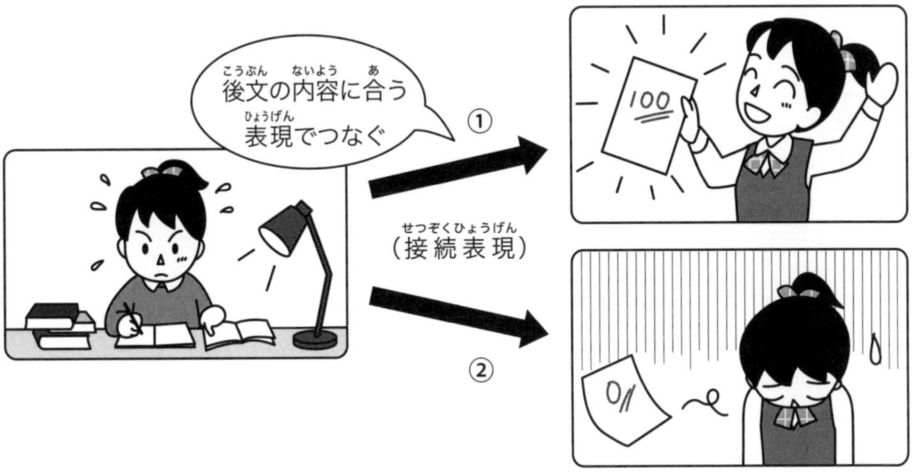

例 ① べんきょうを　した。<u>だから</u>　100 てんを　とった。

I studied. So I got 100.

例 ② べんきょうを　した。<u>しかし</u>　0 てん　だった。

I studied. However, I got 0.

◎ 接続表現を使い分けると、話の内容を相手に予想させることができる。

◎ By using the right Connective Expression you can make the listener anticipate the content of the subject.

＊ 意味別接続表現の例

Examples of Connective Expressions arranged by meaning

接続表現は、伝えたい意味で次のように分けることができます。

You can divide Connective Expressions by the meaning you want to convey.

1. 原因があって、何かが起きる場合の接続表現 Connective Expressions showing something happened from a cause	
原因がまだ仮定である場合 Cause is still only supposed	それでは・それなら・そうしたら〔仮定〕
原因が確定している場合 Cause is settled	だから・そのため・それで・そこで・すると・したがって・ゆえに・そうしたら〔確定〕
理由を言う場合 Explaining a reason	なぜなら（ば）・だって・どうしてかというと
原因と反対のことが起きる場合 Something opposite from the cause occurred	しかし・でも・けれど・ところが・それが・あいにく・折あしく・そのくせ・そのわりに・それなのに・それどころか・そればかりか・それにしては・それにしても
2. 新しい情報をつけ加える接続表現 Connective Expressions that add new information	
つけ加える場合 Adding something	それと・あと・ちなみに・なお
次々につけ加える場合 Adding several things	それに・そのうえ・さらに・しかも・おまけに・そればかりか
言いかえる場合 Saying in a different way	つまり・ようするに・すなわち・いわば・とりもなおさず
例を示す場合 Showing an example	たとえば
すぐれている点を示す場合 Showing the most special point	とりわけ
代わりを示す場合 Showing an alternative	むしろ

3. 前文と後文が対等である接続表現 Connective Expressions that show equivalence between the Prior and Subsequent expressions	
対等なものを並べて示す場合 Showing equivalent things	ならびに・および・ないし・かつ
選択できるものを並べる場合 Listing things that can be chosen	または・あるいは・それとも・あえて・しいて

4. 話の流れをわかりやすくする接続表現 Connective Expressions that make the flow of the conversation easier to understand	
新しい話題が始まると示す場合 Showing the beginning of a new topic	ところで・さて・それでは・話は飛ぶけど・それより・それはそうと・そもそも
話題に順序をつけて示す場合 Showing the order of topics	そして・それから・ さいしょに・つぎに・さいごに
前後の話題を比べてちがいを示す場合 Showing a contrast with the Prior phrase	(その) 反面・(その) 一方・それに対して
追加の情報をつけ足す場合 Adding extra information	ただし・ただ・もっとも・ちなみに・なお
前文より後文が重要な場合 Subsequent phrase is more important than Prior phrase	なにしろ・とにかく・それより・ かえって・むしろ

その他の表現	Other expressions
時間をあらわすもの Showing time	すぐ (に)・もうすぐ・きゅうに・たちまち・あっという間に・とりあえず・ そのうち・まもなく・やがて・いずれ・ いきなり・ふいに・だしぬけに・とつぜん・ 〜たとたん・やっと・ようやく・ついに・ とうとう・いよいよ

STEP1　スタートアップ　Start Up

＊初級表現の使い方１　Beginner's Expressions Usage 1

「それでは」「それなら」「そうしたら」

＊前文の場面から次の場面に移ることをあらわす。
＊原因がまだ仮定である場合に使う。
＊Shows a movement from the scene of the Prior phrase to the next scene.
＊Used when the cause is only supposed.

〈それでは〉　sore dewa, well then, in which case

使い方 新しい状況に変化したとき、その状況に対する新しい意見や判断を言うときの表現。

When a new opinion/decision is expressed after some change has come about.

注意 話し言葉。くだけた表現は「では」「それじゃ」「じゃ」。

Spoken form. Informal expressions are "de wa," "sore ja," "ja."

例 それでは　時間も　なくなりましたから、今日は　ここまでにします。

Well, time has run out, so let's end it there.

例 A「きのう　おみまいに　行ったんだけど、山本さん元気そうだった。」

B「それじゃ、しゅじゅつ　うまく　いったんだ。」

A "I went on a hospital visit yesterday, Mr. Yamamoto looked well."
B "In that case the operation must have gone well."

例 A「そんな　ほうほうでは　せいこう　しないよ。」

B「じゃ、どんな　ほうほうが　いい？」

A "You won't succeed if you do it that way."
B "Well, what way is good ?"

別の意見を聞く

〈それなら〉 sore nara, if that is the case

使い方 前文の内容を聞いて、意見・判断などを言うときの表現。

Used when an opinion/decision/etc. is expressed after hearing the content of the Prior phrase.

注意 推量・意志・希望・勧誘・命令などの未来表現が続くことが多い。
くだけた表現は「そんなら」。

Often continues with a future expression showing supposition/will/wish/invitation/order.
Informal expression is "sonnara."

Bの意見を伝える

例 A「あたまが　いたい。」
B「<u>それなら</u>、このくすりを　飲んだら　どうですか？」

A " I have a headache."
B " If that's the case then how about you take this medicine?"

例 学生A「なつ休み　だから　びじゅつの　かだいが　あるんだ。
びじゅつかんに　行かなきゃ。」
学生B「<u>そんなら</u>、国立西洋美術館に　行こうよ。」

Student A "It's the summer holidays so I have an arts subject. I have to go to an art museum."
Student B "If that is the case, let's go to the National Museum of Western Art."

〈そうしたら〉 sou shitara, then, if that is the case

使い方 前文が成立したら、後文が実現するというときの表現。

Used when the Subsequent phrase becomes true once the Prior phrase is completed.

注意 くだけた表現は「そしたら」。

Informal expression is "soshitara."

確定している原因

例 こうそくどうろで　スピードを　出した。
<u>そうしたら</u>、白バイに　つかまった。

I went fast on the highway.
Then I got caught by a police bike.

勉強した結果

例 がんばって　べんきょうしなさい。<u>そしたら</u>、ごほうびに　スマホ買ってあげるよ。

Study your best. If you do then I'll buy you a smartphone as a present.

＊ 初級表現の使い方 2　Beginner's Expressions Usage 2

「すぐ（に）」「もうすぐ」

＊短い時間をあらわす表現。

＊Shows a short time.

〈すぐ（に）〉　sugu (ni), immediately

使い方 何かが起こった後、間をおかずに次のことが始まることを示す表現。

Shows that something happened straight after something else.

注意 話し言葉。

Spoken form.

例 ○ネットショップに　たのめば、<u>すぐ（に）</u>　はいたつしてくれる。

If you order at the online shop they will deliver it immediately.

例 ×ネットショップに　たのめば、<u>きゅうに</u>　はいたつしてくれる。

〈もうすぐ〉　mou sugu, soon, before long, quickly

使い方 今から少し後で次のことが始まるときの表現。

Shows that something happened a little after something else.

例 ○今、スマホで　タクシーを　よんだから、<u>もうすぐ</u>　タクシーが来ますよ。

I just called for a taxi on my smartphone, it will arrive soon.

例 ×ネットショップに　たのめば、<u>もうすぐ</u>　はいたつしてくれる。

＊初級表現の使い方３ Beginner's Expressions Usage 3

「きゅうに／急に」「とつぜん／突然」「（～た）とたん（に）」

＊瞬間的に次の場面に移る表現。

＊ When moving instantly to the next scene.

〈きゅうに／急に〉 kyuu ni, suddenly

使い方 落ち着かなく、忙しい状況を示す表現。

Shows an unsettled, busy situation.

注意 状態がプラスかマイナス状態へ、短い間に変わるときに使う。

Used when the situation improves or worsens in a short time.

例 ○食事を　していると、きゅうに　じしんが　おきた。

When we had dinner there suddenly was an earthquake.

次の状態に移る

例 ×食事を　していると、すぐに　じしんが　おきた。

〈とつぜん／突然〉 totsuzen, suddenly

使い方 かなり重大な現象・動作が瞬間的に起きることを示す表現。

Shows a quite large phenomenon/movement has occurred instantaneously.

例 ゆき山で、前を　あるいていた　友人の　すがたが　とつぜん　見えなく　なった。

The figure of my friend walking in front of me over the snowy mountain suddenly disappeared.

例 ×かのじょは、さいきん　とつぜん　きれいに　なった。

○かのじょは、さいきん　きゅうに　きれいに　なった。

She suddenly got pretty recently.

〈(～た) とたん (に)〉 (~ta) totan (ni), the moment that, as soon as

使い方 前文でした行為に続いて、後文で意外なことが起きると示すときの表現。

Shows that as the Prior phrase action continued, an unexpected thing occurred in the Subsequent phrase.

注意 場面の変化のスピードが速く、力強いことを示す表現。
後文に聞き手をおどろかせるような事柄が続く。

Shows that the scene changes quickly or with intensity.
The Subsequent phrase continues with something that surprises the listener.

びっくりすること

例 ○エンジンを　かけたとたん、車が　ばくはつした。

The moment he started the engine the car exploded.

×エンジンを　かけたら、もうすぐ　車が　ばくはつした。

＊初級表現の使い方４　Beginner's Expressions Usage 4

「しかし」「でも」「けれど」

＊原因と反対のことが起こる場合に使う表現。
＊Used when the cause led to an opposite result.

〈しかし〉　shikashi, however

使い方 前文と後文が予測に反する内容。意外なときの表現。
The Subsequent phrase is opposite from what is anticipated from the Prior phrase.
Shows something unexpected.

注意 書き言葉。かたい話し言葉。
Written form. Formal spoken form.

例 せいふは　税金を　上げると　はっぴょうした。
<u>しかし</u>、国民は　はんたいしている。
The government has announced a rise in taxes. However the citizens are opposing it.

例 ちきゅうの　ひょうめんは　かたまった。
<u>しかし</u>、じめんの　すう千キロメートル下は
まだ　あつく　とけている。
The surface of the earth is solid.
However a few thous and kilometers below
it is still hot and molten.

予測と
ちがう内容

〈でも〉　demo, but

使い方 前文の内容を認めるが、それに反する意見などを後文で言うときの表現。論理的ではない、感情的な表現。

Accepts the content of the Prior phrase, then expresses the opposite opinion. Shows emotion, not logic.

注意 話し言葉。文章では使わない。言い訳にも使う。

Spoken form. Not used in writing. Used also for excuses.

予測と
ちがう事実

例 ○かのじょと　かわれた。でも、おちこんでないよ。

I split up with my girlfriend. But I am not depressed.

△かのじょと　わかれちゃった。しかし、おちこんでないよ。

〈「しかし」は、かたい話し言葉なので、文のレベルと合っていない〉

〈 "shikashi" is a formal expression so does not match the informal level of the sentence. 〉

例 母「もっと、やさい　食べなさい。」

子「でも、もう　おなか　いっぱい……。」

Mother "Eat more vegetables."

Child "But I am already full..."

〈けれど〉　keredo, although, however

使い方 前文の内容を認めるが、それに反する意見などを言うときの表現。

Used when the Prior phrase is accepted but saying an opinion which is opposite to it.

注意 話し言葉。くだけた表現では「けど」。

Spoken form. Informal form is "kedo."

予測と
ちがう事柄

例 そつぎょうは　した　けれど、まだ　しごとが　見つからない。

I graduated however I cannot find a job.

例 せかい一しゅうりょこうを　したい　けれど、お金も　時間も　ないんだ。

I want to go travel around the world but I have neither money nor time.

これも覚(おぼ)えましょう！ Let's learn this.

＊「しかし」→ 後文(こうぶん)で強(つよ)い感情(かんじょう)を表現(ひょうげん)するときにも使(つか)う。

＊「shikashi」→ Used also when the Subsequent phrase expresses a strong emotion.

例 しかし、毎日　あついなあ。

Really, it's so hot every day.

例 しかし、せいじかって　へいきで　うそを　つくもんだね。

Truly, politicians always lie.

＊「でも」→ 不思議(ふしぎ)に思(おも)ったときの表現(ひょうげん)にも使(つか)う。

＊「demo」→ Used when expressing something mysterious.

例 かれ、おこって　かえっちゃった。でも、何(なん)で　おこったんだろう。

He got mad and left. But what annoyed him?

例 でも、どうして　せんそうは　なくならないんだろう。

But why do wars never disappear?

＊「けれど」

→ ① 並(なら)べる表現(ひょうげん) Expresses some things that are being itemized.

例 きょうとも　すきだ　けれど、かなざわも　すきだよ。

I also like Kyoto, but I also like Kanazawa.

→ ② 前置(まえお)き表現(ひょうげん) Introductory expression

例 はじめて　行った　けれど、北海道(ほっかいどう)は　いいところです。

It was the first time I went but, Hokkaido is a nice place.

→ ③ やわらげる表現(ひょうげん) Softening expression

例 やりますけど……（できないかもしれない）。

I will try but... (maybe cannot do it).

＊ 初級表現の使い方 5　Beginner's Expressions Usage 5

「そして」「それから」

＊後文で次の行動に移る場合に使う表現。

＊Used when the action moves on to the Subsequent phrase.

〈そして〉　soshite, and then, finally

使い方 前文と後文が、意味的に同じ内容になるときの表現。
前文の不足をおぎなうために、行為をつけ加える意味がある。

Used when the Previous phrase and the Subsequent phrase have the same content meaning.
An action is added to an incomplete Prior phrase.

注意 1つの文の中で「そして」を繰り返し使わない。最後の部分に使う。

"Soshite" is not repeated in the same phrase. It is used at the end.

例 まどを　あけよう。〔意志〕
そして、かぜを　入れよう。〔意志〕

同じような行為を追加

Let's open the window. 〔will〕
And then, let's let the wind in. 〔will〕

例 ×雨は　やんだ。〔事実〕
そして、まどを　あけよう。〔意志〕

例 ○はる休み、さいしょに　きょうとへ　行った。つぎに、こうべへ　行った。そして　ひろしまへも　行った。

During the summer holidays I first went to Kyoto. Next I went to Kobe.
And then I went to Hiroshima.

×はる休み、きょうとへ　行った。そして　こうべへ　行った。
そして、ひろしまへも　行った。

〈それから〉 sore kara, and then

使い方 行動・作用・状態の順番をあらわすときの表現。

Used when showing the order of moving/action/state.

注意 1つの事柄から、次の事柄に移る意識を示す。

Shows the sense of moving from one thing to the next.

例 わたしは　毎日、メールを　チェックして、

それから　コーヒーを　飲みます。　（次の行動）

〈行為の順番〉

I check my emails every day, then I drink some coffee.

〈order of actions〉

例 わたしは　リラックスを　したいときは、音楽を　聞いて、

そして　コーヒーを　のみます。

〈行為をつけ加える〉

When I want to relax, I listen to music, and then I drink coffee.

〈adding an action〉

例 まじょは「しらゆきひめを　もりへ　つれて行け、

それから　ころせ」と　めいれいした。

〈順番〉

"Take Snow White to the woods then kill her" ordered the witch.

〈emphasizes the sequential order〉

例 まじょは「しらゆきひめを　もりへ　つれて行け、

そして　ころせ」と　めいれいした。

〈命令をつけ加える〉

"Take Snow White to the woods, and then, kill her" ordered the witch.

〈adds the imperative〉

これも覚(おぼ)えましょう！ Let's learn this.

＊「**それから**」→ 1つの対象(たいしょう)について使(つか)うことはできない。

＊「sore kara」→ cannot be used to refer once more to the same thing.

例 ×この　花は　白い、<u>それから</u>　とても　うつくしい。

○この　花は　白い、<u>そして</u>　とても　うつくしい。

This flower is white, and also it is very beautiful.

＊「**さいしょに／最初(さいしょ)に**」「**つぎに／次(つぎ)に**」「**さいごに／最後(さいご)に**」
→ 順番(じゅんばん)をあらわす場合(ばあい)に使(つか)う。

＊「saisho ni」「tsugi ni」「saigo ni」→ can be used to indicate order.

例 日本語を　べんきょうするとき、<u>さいしょに</u>「ひらがな」を、<u>つぎに</u>「タカナ」を　<u>さいごに</u>「かんじ」を　べんきょうします。

When you study Japanese first you study "hiragana," then you study "katakana," and lastly you study "kanji."

＊初級表現の使い方 6

Beginner's Expressions Usage 6

「それに」「そのうえ／その上」「さらに」

＊事柄などをつけ加える場合に使う表現。

＊Used when adding facts, etc.

〈それに〉

sore ni, also, besides

使い方 前文の事柄に関係がある事柄などを、さらにつけ加えるときの表現。後文の事柄の方が意外で大きい場合が多い。

Used when adding a related fact to the Prior phrase.
Often the fact in the Subsequent phrase is unexpectedly important.

注意 くだけた会話表現。意志的で主観的な文にも使える。

Informal, spoken expression. Can be used in volitional or subjective sentences.

例 あきはばらには　電気せいひんの　店、それに　サブカルチャーの店が　多く、わかもので　にぎわっている。

In Akihabara there are lots of electrical shops, also sub-culture shops. It is bustling with young people.

例 なつ休みに　なったら、えいがも　見たい、それに　りょこうにも行きたい。

In the summer holidays I want to see movies, also I want to go on a trip.

別のことを加える

〈そのうえ／その上(うえ)〉 sono ue, in addition, also

使い方 客観的(きゃっかんてき)な説明(せつめい)をするときの表現(ひょうげん)。

Used when explaining something objectively.

注意 前文(ぜんぶん)に関係(かんけい)がうすい事柄(ことがら)をつけ加(くわ)えることはできない。
主観的(しゅかんてき)な意志(いし)をあらわす文(ぶん)には付(つ)かない。

Cannot be used to add facts which are only vaguely related to the Prior phrase.
Cannot be used with phrases which show subjective volition.

関係(かんけい)が あること

例 ○かれは　いしゃで、<u>そのうえ</u>　小説家(しょうせつか)です。

He is a doctor, on top of that he is a novelist.

×かれは　いしゃで、<u>そのうえ</u>　リンゴが　すきです。

例 ○かれは　ボランティアを　しよう、<u>その上</u>　べんきょうも
しようと　おもっているらしい。
〈客観的(きゃっかんてき)な説明(せつめい)〉

Apparently he is thinking to volunteer and to also study.
〈Objective explanation〉

×ボランティアを　しよう。<u>その上</u>、べんきょうも　しよう。
〈主観的(しゅかんてき)な意志(いし)〉

〈Subjective opinion〉

〈さらに〉 sara ni, furthermore, moreover

使い方 前文(ぜんぶん)よりもっと上(うえ)の段階(だんかい)に事柄(ことがら)が移(うつ)るときの表現(ひょうげん)。

Used when moving from the Prior phrase to a higher stage of fact.

注意 「前(まえ)よりずっと～」という気持(きも)ちをあらわす。

Shows a feeling of "going much further" than the Prior phrase fact.

前文(ぜんぶん)より
すごい状態(じょうたい)

例 大(おお)じしんによる　つなみ、<u>さらに</u>　げんぱつじこが
その　ちほうを　おそった。

Not just a tsunami from the monster earthquake but furthermore,
a nuclear accident struck that area.

例 ニッサじどう車(しゃ)は　ヨーロッパに　しんしゅつし、<u>さらに</u>　アフリカにも　工場(こうじょう)を　たてた。

Nissa Cars Co. advanced into Europe and on top of that, built a factory in Africa.

例 われわれの　せだいは　しぜんを　こわし、<u>さらに</u>　あかじの
ままの国を　子や　まごに　のこすことに　なるのか。

Is our generation going to destroy nature, and on top of that, leave a country in deficit
to our children and grandchildren?

これも覚(おぼ)えましょう！ Let's learn this.

＊「あと」「それと」──▶ 言(い)い足(た)りなかったことをつけ加(くわ)える。
くだけた表現(ひょうげん)。

＊「ato」「soreto」→ Adds information that was not fully conveyed. Informal expressions.

例 すずきさんと　さとうさんに　れんらくしといて。
<u>あと</u>／<u>それと</u>、やまださんにもね。

Please contact Mr. Suzuki and Mr. Sato.
And also, Mr. Yamada please.

✱ 初級表現の使い方 7　Beginner's Expressions Usage 7

「そこで」「それで」「すると」

＊前文の内容に、後文の事柄が続いて起きる表現。

＊ Shows the fact of the Subsequent phrase occurred following on from the content of the Prior phrase.

〈そこで〉　soko de, so, thereupon

使い方 前文での状況が原因やきっかけになって、後文の行為が発生するときの表現。

Expresses that the action in the Subsequent phrase came about because of the cause/reason expressed in the Prior phrase.

注意 条件文には使えない。

Cannot be used with a conditional phrase.

例 ○りょうしんに　けっこんを　はんたいされた。

そこで、かのじょは 家を　出た。

Her marriage was opposed by her parents. So she left the house.

前文から起きたこと

×もし、りょうしんに　けっこんを

はんたいされれば、そこで　わたしは　家を　出ます。

〈それで〉　sore de, so, thereupon

使い方 前文での状況を認めて、それが後文の原因であるときの表現。

Used when the Prior phrase is accepted and is the cause of the Subsequent phrase.

注意 後文に命令・意志・勧誘・行為・要求・未来表現は続かない。

The Subsequent phrase cannot be an order/volition/solicitation/action/request or future expression.

例 きのうは　たいふうでした。それで、学校を　休みました。

Yesterday was a typhoon. So we had a holiday from school.

例 ×あしたは　たいふうです。それで、学校を　休もう。

○あしたは　たいふうです。だから、学校を　休もう。

Tomorrow will be a typhoon. So let's take a holiday from school.

前文からの結果

〈すると〉　suru to, so, thereupon

使い方 前文に続いて当然起きる結果をあらわすときの表現。

Shows a result naturally occurring on from the Prior phrase.

注意 後文に意志・勧誘・願望・命令の文は続かない。後文には新たに発見したことなど、意志でコントロールできない客観的なことがくる。

The Subsequent phrase does not continue with a volition/invitation/request/imperative phrase. The Subsequent phrase includes something that is discovered, something objective that cannot be controlled by will.

例 まどを　あけた。すると　雨が　ふっていた。

〈発見。意志でコントロールできない〉

I opened the window. (Thereupon) it was raining.

〈Discovery. Cannot be controlled by will〉

はじめて気がついたこと

例 ×げんかんの　チャイムが　なった。すると　外へ　出てみた。

○げんかんの　チャイムが　なった。そこで　外へ　出てみた。

The front door bell rang. So I went outside.

これも覚えましょう！　Let's learn this.

＊「で」──▶「それで」のくだけた表現。話の続きをうながす表現。

＊「De」→ informal expression of "sore de." Expression requests the continuation of a narrative.

例 A「きのう、はじめて、デートしたんだ。」

B「で？」

A "I went on a date yesterday for the first time."

B "So? (What happened?)"

＊ 初級表現の使い方 8　Beginner's Expressions Usage 8

「ところが」「それが」

＊前文と後文が予測に反する内容。
＊意外な事実・気持ちをあらわす。

＊ The Subsequent phrase is not foreseen from the Prior phrase.
＊ Shows an unexpected fact/feeling.

〈ところが〉　tokoro ga, however, even though

使い方 後文に聞き手が予想しなかった意外な事柄、期待に反する事柄が続くときの表現。

Used when the Subsequent phrase has a fact that was unexpected or not hoped for by the listener.

注意 後文に意志的行為・命令・希望は続かない。

The Subsequent phrase cannot continue with a volitional action/imperative/wish.

例 かれは　じてん車で　日本一しゅうりょこうに　出かけた。
ところが　家を　出た　ところで、車に　はねられてしまった。

He left to do a trip around Japan on his bicycle.
However, as he left his house he was hit by a car.

意外な事実

例 ×これは　おいしいですよ。ところが　ぜんぶ　食べないでください。

○これは　おいしいですよ。でも　ぜんぶ　食べないでください。

This is delicious. But please don't eat it all.

例 ×しごとは　たいへんだ。ところが、がんばろう。

〈それが〉 sore ga, however, well

使い方 後文に聞き手の期待に反することが続くときの表現。

The Subsequent phrase is not what was hoped for by the listener.

注意 基本的に相手のある対話で使う。

Basically used when directly talking to someone.

例 A「あしたの　りょこう　たのしみだね。」

B「それが……。(行けなくなったんだ)」

A "I am looking forward to tomorrow's trip."

B "Well, in fact.... (Could not go) "

暗示している事実

例 男「ぼくたち　つきあって　もう　長いし、そろそろ　けっこん　しようよ。」

女「それが、そう　かんたんには　できないのよ。」

Man "We have been going out for a long time, let's get married soon."

Woman "Well, it's not so easy."

＊初級表現の使い方９　Beginner's Expressions Usage 9

「つまり」「ようするに／要するに」「すなわち」

＊後文で前文を言いかえる場合に使うときの表現。

＊Used when the Subsequent phrase says the Prior phrase in a different way.

〈つまり〉　tsumari, in other words, to sum up

使い方 聞いている人にわかりやすいように、前文の意味を具体的・論理的に後文で説明するときの表現。

The Subsequent phrase explains to the listener the meaning of the Prior phrase in an easier to understand way more specific or concrete.

注意 途中のくわしい説明をしないで直接結論を言うときの表現。説明する意志がある、結論意識が強い表現。

Used when going straight to a conclusion without details.
Has a strong feeling of explanation or conclusion.

例「はたけの　にく」とは、<u>つまり</u>　だいずの　ことです。

"The meat of the fields", in other words, soy beans.

例 この　歌は　じんせいや　うんめい、<u>つまり</u>　じぶんの　ちからでは　コントロールできないものを　「川の流れ」に　たとえている。

This song is about life and fate, in other words,
it is comparing the things we cannot control with our own power to " The flow of the River."

結論

〈ようするに／要(よう)するに〉 yousuru ni, in other words, to sum up

使い方 まとめの意識(いしき)を示(しめ)す表現(ひょうげん)。

Shows the feeling of summarizing something.

注意 いつも結論(けつろん)意識(いしき)があるわけではない。

Does not always have to be a conclusion.

例 日本は　さいがいの　多い　国である。じしん、つなみ、たいふうが　よくおこるが　何(なん)とか　立ちなおる。ようするに、がまんづよい　国民性(こくみんせい)なのだろう。

Japan is a country of many natural disasters. Earthquakes, tsunami, typhoons often occur but somehow it recovers. The national trait must be endurance.

例 社長「いろいろ　ごせつめいいたしましたが、ようするに　わが社の　けいえいは　きびしい　じょうきょうに　なって　おります。」

Company President "I have explained various things but, to sum up, our company is in a tough business situation."

例 バイトを　たくさん　けいけんした　学生は　しゅうしょくに　つよい。ようするに、大人との　つきあいに　なれているということだ。

まとめ

Students who have lots of part time job experience are good at finding full time jobs. To sum up, they are used to interacting with adults.

〈すなわち〉 sunawachi, in other words

使い方 2つのことが同(おな)じであると示(しめ)す表現(ひょうげん)。

Expresses that two things are the same.

注意 書(か)き言葉(ことば)。かたい話(はな)し言葉(ことば)。

Written form. Formal spoken form.

同(おな)じもの

例 サブカルチャーの　中心地(ちゅうしんち)、<u>すなわち</u>　あきはばらには

おもしろい店が　たくさん　ある。

The center of the sub-culture, i.e.
Akihabara, contains many interesting shops.

サブカルチャーの中心地(ちゅうしんち)
＝秋葉原(あきはばら)

一番大(いちばんおお)きいスポーツ大会(たいかい)
＝オリンピックきょうぎ大会(たいかい)

例 ○せかいで　一ばん　大きい　スポーツ大会、<u>すなわち</u>

オリンピックきょうぎ大会は、４年に　１ど　ひらかれる。

The biggest sports event in the worlds, i.e. the Olympics, takes place once every 4 years.

×せかいで　一ばん　大きい　スポーツ大会、<u>ようするに</u>

オリンピックきょうぎ大会は、４年に　１ど　ひらかれる。

これも覚(おぼ)えましょう！ Let's learn this.

＊「つまり」──→ 何(なん)と言(い)っていいかわからないときにも使(つか)う。

＊「tsumari」→ Used also when speaker does not know what to say.

例 つま「何(なん)で、今日　飲みに　行ったの？　けっこんきねん日(び)

じゃない。わすれたの？」

おっと「その……　<u>つまり</u>……　何(なん)と　言っていいか……。」

Wife "Why did you go drinking today? It's our wedding anniversary, isn't it? Did you forget?"
Husband "That... well... that is to say... what should I say...?"

＊初級表現の使い方 10　Beginner's Expressions Usage 10

「なぜなら（ば）」「だって」

＊後文で理由を言うときに使う表現。

＊ Used when expressing a reason in the Subsequent phrase.

〈なぜなら（ば）〉　nazenara(ba), the reason for that is, because

使い方 後文で理由を説明するときの表現。客観的な強調表現。

Used when explaining a reason in the Subsequent phrase. Objective, emphatic expression.

注意 かたい表現。

Formal expression.

理由

例 山の　上は　空気が　うすい。
なぜなら（ば）、ひょう高が　高いからである。

The air at the peak of a mountain is thin. As for the reason, it is because the elevation is high.

例 あの　わくせいに　生物は　いないだろう。なぜなら（ば）
あそこには　水が　ないためである。

There is probably no life on that planet. As for why, that's because there is no water there

〈だって〉 datte, it's because, after all, but

使い方 理由を説明・主張するときの表現。

Used when emphasizing or explaining a reason.

注意 くだけた会話。言い訳・不満表現にも使われる。

Informal conversation. Also used as an expression of an excuse or dissatisfaction.

例 母「どうして　学校に　行かないの？」
子「だって、あたま　いたいんだもん。」

Mother "Why won't you go to school?"
Child "But my head aches."

例 母「どうして、かれと　わかれたの？」

Mother "Why did you break up with him?"

△むすめ「なぜなら、あきちゃった。」

○むすめ「だって、あきちゃった。」

Daughter "Because, I got fed up."

これも覚えましょう！ Let's learn this.

＊「なぜなら（ば）」 ──→ くだけた表現は「なぜかというと」「どうしてかというと」。

＊「nazenara (ba)」→ "naze ka to iu to," "doushite ka to iu to" (informal forms).

例 A「山の　上は　空気が　うすいね。」
B「なぜかというと／どうしてかというと、ひょう高が高いからだよ。」

A "Air is thin at the top of a mountain, isn't it?"
B "That's because the elevation is high."

＊初級表現(しょきゅうひょうげん)の使(つか)い方(かた) 11　Beginner's Expressions Usage 11

「だいたい」「たいてい」

＊「全部(ぜんぶ)ではない」という表現(ひょうげん)。

＊ Expresses "not all".

〈だいたい〉　daitai, mainly, outline

使い方 パーセンテージ（%）の意識(いしき)で使(つか)うことが多(おお)い。

Often used in the sense of a percentage.

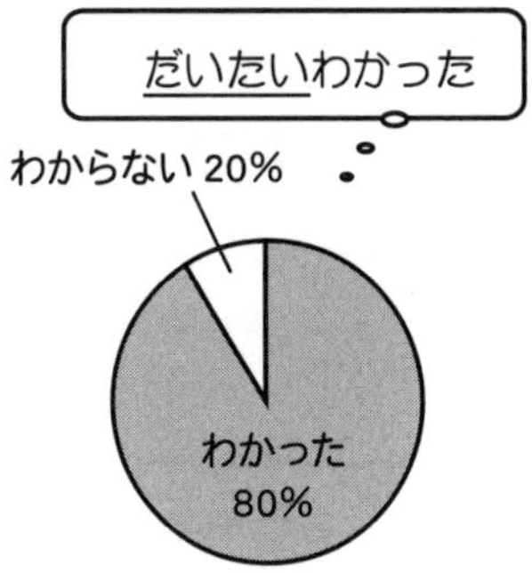

注意 100 %に近(ちか)いと感(かん)じている場合(ばあい)に使(つか)う表現(ひょうげん)。

Used when it is felt to be close to 100%.

例 ご意見(いけん)は　だいたい　わかりました。ようするに、わたしの意見(いけん)に　はんたいと　いうことですね。

I generally understood your opinion. In other words, your opinion is the opposite of mine, isn't it?

100%に近(ちか)い

例 電車は、だいたい　時間どおりに　来ます。

The train usually comes on time.

〈たいてい〉　taitei, mostly, usually

使い方 数(かず)の意識(いしき)で使(つか)うことが多(おお)い。

Often used in a numerical sense.

20XX 年 2 月　しゅっせきぼ

なまえ	1日	2日	3日	4日	5日	6
あおき	○	○	○	○	×	○
いとう	○	○	○	○	○	○
うちだ	○	○	○	○	○	○
⋮	⋮	⋮	⋮	⋮	⋮	⋮

たいてい出席(しゅっせき)している

例 かれは、たまに　休みますが、たいてい　クラスに　出席(しゅっせき)します。〈数(かず)の意識(いしき)〉

He sometimes takes time off but he usually attends classes.　〈feeling of number〉

例 かれは、たまに　休みますが、だいたい　クラスに　出席(しゅっせき)します。〈%の意識(いしき)〉

He sometimes takes time off but he usually attends class.　〈feeling of percentage〉

column 回数をあらわす表現

Expressions that show frequency

①「たびたび／度々」「ときどき／時々」「たまに」「めったに～ない」

"tabitabi, frequently", "tokidoki, sometimes", "tamani, occasionally", "mettani~nai, rarely"

間隔・回数が多いことをあらわす表現。主に動作性の動詞にかかり、その回数をのべる。

Expressions show gaps/frequency. Mainly used with verbs that indicate movement to show the frequency of such movement.

たびたび ＞ ときどき ＞ たまに ＞ めったに ～ ない

多い frequent → 少ない infrequent

［天気の話で使う場合 Usage with weather］ ☂：雨の日 Rain ☀：晴れの日 Sun

たびたび＋雨が降る

ときどき＋雨が降る

たまに　＋雨が降る

めったに＋雨は降らない

例 さばくちほうでは、雨は めったに ふらない。

Rain hardly ever falls in the desert.

注意「たまに」より回数が低いものは否定形で使う。

When the frequency is lower than "tama ni" then the negative form is used.

②「よく」「しょっちゅう」

"yoku, often, frequently", "shocchuu, often, frequently"

同じ行為などを繰り返すときの表現。

Used when the same action repeats.

＊「よく」→ 状態を説明するときに使う。そのような状態になることが多いことをあらわす。回数を問題としていない。

＊「yoku」→ used when explaining a situation. Shows that that kind of situation occurs often.
Not concerned with the exact number of times.

特徴

例 小さいころは、よく　びょうきをする子　でした。

When he was small he was a sickly child.

例 かれは、よく　わすれものを　します。何かい　ちゅういしても　なおりません。

He often forgets things. Even though I told him off many times he does not improve.

性格

＊「しょっちゅう」→ 動作性の語にかかる「いつも」の俗語。話し言葉。静止状態にはかからないが、動きや変化を前提とした状態にはかかる。

＊「shocchuu」→ Slang related to actions. Spoken form.
Assumes movement or change, cannot be used in situations with no movement.

例 かのじょは、しょっちゅう　ちこくする。

She is often late.

例 ×この　レストランは、しょっちゅう　おいしい。

○この　レストランの　スタッフは、しょっちゅう　いそがしい。

The staff of this restaurant is often busy.

練習問題

1. 正しい文に○を、間違っている文に×を［　］に書きなさい。

［ × ］【例】ネットショップに　たのめば、もうすぐ　はいたつしてくれる。

［　］【1】友だちが　もうすぐ　けっこんするんだ。おいわい　何に　しようかな。

［　］【2】A「かのじょは　ぼくの　そぼの　いとこの　むすめの　子ども。」
B「ふくざつね。つまり　とおい　しんせきなのね。」

［　］【3】もっと　べんきょうしなさい。それでは　ごうかくできるよ。

［　］【4】村上はる子の　さくひんは　だいたい　読んだよ。

［　］【5】雨の　よほうだったけど、いい　天気に　なって　よかった。

［　］【6】やくそくの　時間に　間にあうように　あさはやく　家を　出た。
それに　じこに　あい、おくれてしまった。

［　］【7】よなかに　もうすぐ　いが　いたくなり　うごけなくなったので、
きゅうきゅう車を　よんだ。

［　］【8】学校には　たいてい　じてん車で　行くけど、雨の　日は　バスに
のることが　多い。

［　］【9】小学校の　校庭には　木が　たくさんある。そして　きれいな
花も　うえてある。

［　］【10】しけん　しっぱいしちゃった。それじゃ　あきらめないで、
来年　また　ちょうせんするつもりだ。

［　］【11】A「かれと　けんかしちゃった。」
B「そこで　元気ないんだね。」

［　］【12】わたしは　まいあさ　いぬの　さんぽをして、それに　しごとに　出かけます。

［　］【13】バラえんの　しょうたいけんを　5まい　もらった。
そこで　花の　すきな　友人を　さそって、みんなで　行くことにした。

［　］【14】母　　「どうして　へやを　かたづけないの？」
むすこ「つまり　時間　ないんだもん。」

［　］【15】のどが　少し　あかくなってますね。くすりを　飲めば　すぐ
なおりますよ。

[　　]【16】そんなに　きつい　しごとなの？　それから　別の　しごと
さがしたら　いいのに。

[　　]【17】日本の　なつは　あついね。それに　しつども　高いから
エアコンなしでは　すごせないね。

[　　]【18】A「やまだくん、しょう社に　つとめてるんだよね。」
B「だって　やめちゃったらしいよ。」

[　　]【19】A「きのう　テニスの　しあいに　出たの。」
B「で？」
A「まけちゃった。」

[　　]【20】せんぱいが　なやみを　聞いてくれた。その上、カラオケにも
つきあってくれて、気分が　すっきりした。

2. ｛　　｝の中(なか)から正(ただ)しいものを選(えら)び、○をつけなさい。

【例】ぼく　かのじょと　わかれちゃった。｛a. ところが　(b.) でも　c. しかし｝
おちこんでないよ。

【１】レトルト食品(しょくひん)は　あたためれば｛a. きゅうに　b. すぐ　c. もうすぐ｝
食べられるので　べんりです。

【２】ちゅうもんしてた　バッグが　とどいた。｛a. ところが　b. それに
c. そこで｝はこを　あけたら、ちがうのが　入っていた。

【３】とりひき先に　よって、｛a. それでは　b. それから　c. それなら｝
出社します。

【４】あついので　まどを　あけた。｛a. それが　b. でも　c. すると｝セミが
とびこんできた。

【５】みんなで　話しあったら　いいよ。｛a. それでは　b. その上　c. そしたら｝
もんだいは　かいけつすると　おもうよ。

【６】課長(かちょう)の　言うことは｛a. もうすぐ　b. だいたい　c. きゅうに｝
わかるけど、なっとくいかない　とこが　あるんだ。

【７】Ａ「デート　どうだった？」

Ｂ「{a. それが　　b. すると　　c. そして}かのじょに　ドタキャンされちゃった。」

【８】{a. それでは　　b. それなら　　c. それから} これで　会議を　おわります。

【９】りょうしんは　学校に　いじめもんだいを　ちょうさするよう　たのんだ。

{a. つまり　　b. しかし　　c. なぜなら} きょひされた　ようだ。

【10】避暑地として　有名な　長野県のまち、{a. なぜなら　　b. ところが

c. すなわち} かるいざわは　年々　外国人かんこうきゃくが　ふえている

そうだ。

【11】コーヒー　２つと　ジュース　おねがいします。

{a. あと　　b. その上　　c. つまり} ケーキも　２つ。

【12】店の　前に　車を　とめておいた。{a. それなら　　b. それでは

c. そしたら} ちゅう車いはんの　かみが　はられてた。

【13】バスが {a. もうすぐ　　b. きゅうに　　c. すぐ} とまったので、

何人かの　じょうきゃくは　たおれてしまった。

【14】母　　「もう　ゲーム　やめなさい。２時間も　やってるでしょ。」

子ども「{a. でも　　b. それで　　c. つまり} もうちょっと　やりたい。」

【15】この　店は　あじが　いい。{a. つまり　　b. そのうえ　　c. ようするに}

ねだんも　安いから　いつも　こんでいる。

3. 次の文を読んで、{　　} の中のａ～ｄを正しい順に並べなさい。

【例】 Ａ「じてん車りょこうに　出かけた。{ a. 家を　　b. ところで

c. ところが　　d. 出た }、車に　ぶつかってしまったんだ。」

Ｂ「たいへん　でしたね。」

【答え】→ {　*c*　*a*　*d*　*b*　}

(正解文: { ところが　家を　出た　ところで }、車に　ぶつかってしまったんだ。)

【１】Ａ「お正月は　海外で　すごすんだって？　いいなぁ。」

Ｂ「{a. しごとの　　b. それが　　c. だめに　　d. つごうで} なっちゃったんだ。」

→ {　　　　　　　　　　　　}

【2】A「きのうは　何(なに)してたの？」

B「{a. びじゅつかんに　b. けど　c. 上野(うえの)の　d. 行った}

こんでたので　入らなかった。」

→ {　　　　　　　　　　　　}

【3】バスを　おりて　10分ほど　あるいた。{a. 見えた　b. すると　c. やねが

d. 三(さん)かくの}。それが　ざっしで　見た　有名(ゆうめい)な　教会(きょうかい)だった。

→ {　　　　　　　　　　　　}

【4】A「れいの　もんだいは　どうなってるんですか？」

B「まだ　話せないんです。{a. はじめた　b. ちょうさを　c. なぜなら

d. ばかり}　ですから。」

→ {　　　　　　　　　　　　}

【5】A「会場(かいじょう)の　いすが　足りませんが。」

B「{a. 立って　b. わかい　人に　c. もらい　d. それなら}

ましょうか。」

→ {　　　　　　　　　　　　}

【6】A「新しい　オフィスの　せいりで　つかれたでしょう。」

B「{a. ところが　b. くれた　c. やまださんが　d. やって}　ので

たすかっちゃった。」

→ {　　　　　　　　　　　　}

【7】A「すごい　雨だね。」

B「{a. なって　b. きた　c. その上　d. かぜも　つよく}。

電車が　とまるかもね。」

→ {　　　　　　　　　　　　}

【8】おっと「何(なん)で　そんなに　きげんが　わるいの。」

つま　「{a. わすれてる　b. わたしの　c. だって　d. たんじょう日を}

でしょ。」

おっと「あっ、ごめん。今日だったね。」

→ {　　　　　　　　　　　　}

【９】A「北海道(ほっかいどう)りょこう　どうだった？」

B「{ a. けしきも　　b. けど　　c. 食べものも　　d. きれいだった }

おいしかった。」

→ {　　　　　　　　　　　　　　　}

【10】ひさしぶりに　しぶやに　行ったよ。{ a. 多い　　b. しかし　　c. わかもの

d. が } まちだね。

→ {　　　　　　　　　　　　　　　}

4. 次(つぎ)のａ～ｄの中(なか)から下線(かせん)に入(はい)らないものを選(えら)び、○をつけなさい。

【例】玄関(げんかん)の　チャイムが　なった。＿＿＿＿＿＿＿＿＿＿＿＿＿＿＿＿

(a.) すると　外へ　出てみた。

b.　そこで、外へ　出てみた。

c.　それで、ドアを　あけた。

d.　で、ドアを　あけた。

【１】今日は　へやの　そうじを　した。＿＿＿＿＿＿＿＿＿＿＿＿＿＿＿＿

a.　そして　買いものに　行った。

b.　それから　買いものに　行った。

c.　そして　買いものに　行こう。

d.　それに　買いものにも　行った。

【２】A「スキーに　行ったんだってね。いい　ふゆ休みだったね。」

B「＿＿＿＿＿＿＿＿＿＿＿＿＿＿＿＿」

a.　そのうえ、スキーじょうが　すごく　こんでたよ。

b.　ところが、友だちが　こっせつしちゃって　たいへんだったよ。

c.　それが、友だちが　こっせつしちゃって　たいへんだったよ。

d.　しかし、あのスキーじょうは　こんでたなあ。

【３】A「いつも　はやいね。何時(なんじ)に　おきるの？」

B「＿＿＿＿＿＿＿＿＿＿＿＿＿＿」

a.　6時だけど。

b.　だけど　6時に　おきるよ。

c.　だいたい　6時に　おきるよ。

d.　たいてい　6時に　おきるよ。

【４】A「今日から　4月。はるだね。」

B「＿＿＿＿＿＿＿＿＿＿＿＿＿＿」

a.　しかし、まだ　はだざむいね。

b.　でも、まだ　はだざむいね。

c.　けど、まだ　はだざむいね。

d.　それに、まだ　はだざむいね。

【５】A「カードが　ない。おとしたかなあ。」

B「＿＿＿＿＿＿＿＿＿＿＿＿＿＿」

a.　それじゃ、カード会社に　れんらくしなさい。

b.　それに、カード会社に　れんらくしなさい。

c.　それなら、カード会社に　れんらくしなさい。

d.　すぐ、カード会社に　れんらくしなさい。

【６】男「今日は　ざんぎょうだし、あしたの　あさは　はやいし、水ようは　しゅっちょうだし、今週は　いそがしくて。」

女「＿＿＿＿＿＿＿＿＿＿＿＿＿＿」

a.　つまり、会えないってことね。わかった。

b.　ようするに、会えないってことね。わかった。

c.　すなわち、いつ　会えるの？

d.　じゃ、いつ　会えるの？

【７】A「たなかさんって　語学が　とくいなんでしょ。」

B「そうなんだ。＿＿＿＿＿＿＿＿＿＿＿＿＿＿」

a.　えい語、フランス語、スペイン語、あと　中国語も　できるよ。

b.　えい語、フランス語、スペイン語、それから　中国語も　できるよ。

c.　えい語、フランス語、スペイン語、それに　中国語も　できるよ。

d.　えい語、フランス語、スペイン語、ところが　中国語も　できるよ。

【８】やまだくんが　留学(りゅうがく)するって。＿＿＿＿＿＿＿＿＿＿＿＿＿＿

a.　それでは、クラスで　そうべつ会を　することに　したんだ。

b.　そこで、クラスで　そうべつ会を　することに　したんだ。

c.　で、いつ　そうべつ会を　するか　そうだんしたいんだけど。

d.　それで、いつ　そうべつ会を　するか　そうだんしたいんだけど。

【９】母「10時よ。もう　おきなさい。」

子「＿＿＿＿＿＿＿＿＿＿＿＿＿＿」

a.　だって、まだ　ねむいよ。

b.　それで、まだ　ねむいよ。

c.　でも、まだ　ねむいよ。

d.　けど、まだ　ねむいよ。

【10】５さいの　子に　ひらがなを　おしえたの。＿＿＿＿＿＿＿＿

子どもって　すごいね。

a.　すぐ　読めるようになったよ。

b.　そしたら　もう　読めるようになったよ。

c.　だいたい　読めるようになったよ。

d.　もうすぐ　読めるようになったよ。

5. 次の文を読んで、(1) ～(3) に入るものをa～dの中からそれぞれ選びなさい。

【1】日本は　じしんが　多い　国だ。(　1　) たいふうも　やって来る。そのため毎年、しぜんさいがいが　多く　発生している。(　2　) ひがいを　できるだけ少なくする　たいさくが　ひつようだ。きほんは、一人一人が　じぶんのみを　まもること。家の　中の　あんぜんたいさくを　かんがえておくことがじゅうようなことである。(　3　) ちいきや　みぢかにいる　人どうしがたすけあえるような　そしきづくりを　しておくことも　たいせつである。

(1) a. もうすぐ　b. すると　c. その上　d. つまり

(2) a. しかし　b. そこで　c. ところが　d. なぜなら

(3) a. それでは　b. ようするに　c. それなら　d. そして

【2】A「ひさしぶりに　おんせんに　行きたいなあ。とうきょうから　あまりとおくない　ところで。」

B「(　1　) はこねが　いいんじゃない？」

A「(　2　) 週末は　こんでるだろうなあ。」

B「(　3　) そうでもないらしいよ。この　じきは　すいてるらしいよ。」

(1) a. それに　b. それから　c. それで　d. それなら

(2) a. それが　b. でも　c. それに　d. その上

(3) a. つまり　b. それでは　c. ところが　d. そして

【3】中学3年生の時、イギリスに　すむことになり、うれしさいっぱいでよろこんで　行きました。(　1　) げんじつは　あまいものではなく、えい語での　つらい　べんきょうが　はじまりました。4年後、えい語がふじゆうなく　つかえるようになったころ、帰国しました。そして　つぎにわたしを　まっていたのは、日本語での　べんきょうでした。むずかしくてたいへんでした。(　2　) かんじが　とても　にがてだったからです。

しけんの　こたえも　ひらがなで　書いていました。とても　はずかしかったです。（　3　）本を　たくさん　読み、かんじを　おぼえる　どりょくをしました。

（1）a. しかし　　b. すなわち　　c. そこで　　d. なぜなら

（2）a. けれど　　b. ところが　　c. なぜなら　　d. そしたら

（3）a. それなら　　b. それで　　c. それでは　　d. それに

【4】A「お花見(はなみ)　どうだった？」

B「（　1　）きゅうに　雨が　ふってきちゃって、やめたの。」

A「ざんねんだったね。（　2　）どうしたの？」

B「カラオケに　行ったんだけど、さいしょの　店も　2けん目も　まんしつで　けっきょく　だめ。」

A「気のどくに。」

B「（　3　）飲みに　行ったから　たのしかったよ。」

（1）a. もうすぐ　　b. けれど　　c. そして　　d. それが

（2）a. だって　　b. で　　c. それに　　d. たいてい

（3）a. でも　　b. その上　　c. すると　　d. つまり

【5】とどいた　にもつに「天地無用(てんちむよう)」と　書かれていた。何(なん)と　読むのか、どういう　いみか　わからなかった。（　1　）日本人の　友だちに　聞いてみたら「てんちむよう」と　読み、「天地(てんち)」は　「上下(じょうげ)」、（　2　）「無用(むよう)」は「しては　いけない」という　いみだと　おしえてくれた。（　3　）上と　下をさかさまにしては　いけない　という　いみだ。うんそうに　かんすることばだ　という　ことも　せつめいしてくれた。

（1）a. すると　　b. そしたら　　c. それが　　d. そこで

（2）a. そして　　b. つまり　　c. しかし　　d. ところが

（3）a. なぜなら　　b. それが　　c. つまり　　d. それに

STEP2

ステップアップ

中級表現の使い方 12 ～ 21

Step Up

Intermediate Expressions Usage 12 - 21

STEP2 ステップアップ Step Up

＊中級表現の使い方 12 Intermediate Expressions Usage 12

「ただし」「ただ」「もっとも」

＊後文で追加の情報をつけ足す場合に使う。
＊前文の内容が成立するために、ひかえめに条件を加える。

＊Used when adding information in the Subsequent phrase.
＊Adds a moderating condition that completes the content of the Prior phrase.

注意 「でも」のようにはっきり否定するのではなく、相手の意見に賛成しながら制限をつける。

They do not clearly negate like “demo,” instead they agree with the opinion of the other person while adding some limitations.

● 3つのちがい

- ❑ ただし ＋ 〔前文を制限する内容〕
  sets limits on the Prior phrase
- ❑ ただ ＋ 〔反対の評価をあらわす内容〕
  shows an opposite evaluation of the Prior phrase
- ❑ もっとも ＋ 〔前文の一部を否定する内容〕
  negates part of the Prior phrase

〈ただし〉 tadashi, but, however

使い方 後文で必要条件を示すので、後文が重要。前文を強く制限する表現。

Subsequent phrase shows a necessary condition so is important. Strongly limits the Prior phrase.

注意 命令・依頼・許可をあらわす文がくることが多い。後文に質問文は続かない。失礼な感じがするので、目上の人には使いにくい。

Often used with sentences that contain orders, requests, or permissions. Subsequent phrase cannot be a question. It has an impolite connotation so difficult to use with superiors.

例 受付は 9 時から 5 時までです。<u>ただし</u>、土日祝日は 3 時までです。

条件

Reception is from 9 until 5 .
However, Saturdays, Sundays, and holidays are until 3.

例 医者「熱がなければ、寝ていなくてもいいですよ。普通の生活をしてください。<u>ただし</u>、お酒は飲まないように。」

Doctor "If there is no fever then you don't have to lie in bed. You can live your life normally. However, please don't drink alcohol."

〈ただ〉 tada, but, however

使い方 前文の内容は認めるが、後文に制限や反対の評価をつけ加えるときの表現。強く制限しない。

Subsequent phrase accepts the Prior phrase but adds a limitation or opposing evaluation.
The limitation is not strong.

注意 前文の内容から予測されることとちがう点がある場合に使う。命令・依頼・許可をあらわす文が続くことが多い。

Used when expressing a point that is different from the Prior phrase.
Often used with sentences showing imperatives/requests/permissions.

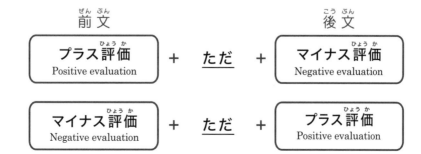

前文				後文
プラス評価 Positive evaluation	+	<u>ただ</u>	+	マイナス評価 Negative evaluation
マイナス評価 Negative evaluation	+	<u>ただ</u>	+	プラス評価 Positive evaluation

プラス評価　　　　マイナス評価

Positive evaluation　　　　Negative evaluation

例 彼はかっこいい。__ただ__頭はあまりよくない。

He is cool. But is not very smart.

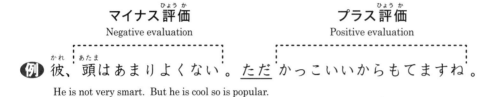

マイナス評価　　　　プラス評価

Negative evaluation　　　　Positive evaluation

例 彼、頭はあまりよくない。__ただ__かっこいいからもてますね。

He is not very smart. But he is cool so is popular.

〈もっとも〉 mottomo, but, however

使い方 前文の一部を否定するときの表現。命令文・質問文は後文にこない。

Negates part of the Prior phrase. Subsequent phrase cannnot be an order or question.

注意 前文の内容に多少の例外があることを示す。

Shows an exception to the Prior phrase.

例 男性「結婚してください。」

女性「いいよ。あなたの年収が１億円以上になったらね。

__もっとも__、そんなときは、来るわけないよね。」

Man "Please marry me."

Woman "That's fine. Once your yearly salary reaches 100 million yen.

However, there is no way that such a time will come."

「いいよ。」を否定する

＊中級表現の使い方 13　Intermediate Expressions Usage 13

「だから」「そのため」

＊判断を示すときに使う表現。

＊Used to show a decision.

● 2つのちがい

- ❑ だから　＋　〔判断〕 Decision
- ❑ そのため　＋　〔結果〕 Result

〈だから〉　dakara, so, therefore

使い方 前文で原因・理由、後文で判断を示すときの表現。

Used when showing a decision in the Subsequent phrase where the Prior phrase is a cause/reason.

注意 くだけた会話。丁寧な表現は「ですから」。

Informal conversational form. Polite expression is "desu kara."

例 明日朝早くゴルフに行くんだ。だから、今日は早く寝る。

Tomorrow morning I go early to golf. So I will sleep early tonight.

前文からの判断

例 人は一人では生きられません。ですから、助け合うことが必要なのです。

People cannot live by themselves. Therefore mutual help is necessity.

例 今日は雨が降るそうだ。だから傘を持っていこう。

I heard it will rain today. So let's take umbrellas.

〈そのため〉 sono tame, because of that

使い方 前文が原因になって後文の事態（結果）が起こるときの表現。

The Prior phrase is a cause of the fact (result) of the Subsequent phrase.

注意 書き言葉。かたい話し言葉。後文に意志・依頼・要求はつかない。

Written form. Formal spoken form.
Not used with volitional forms, requests, or demands.

例 台風で電車が止まってしまった。
そのため、駅は帰宅できない人であふれた。 （結果）

The trains stopped because of the typhoon.
Because of that the station is full of people who cannot get home.

例 A国が関税を引き上げた。そのため、貿易摩擦が起きた。

Country A raised import duties. So there was trade friction.

例 × 今、満席です。そのため、ここにお並びください。

例 × 今日は雨が降るそうだ。そのため、傘を持っていこう。

これも覚えましょう！ Let's learn this.

＊「だから」 → 聞き手が十分理解していないので、イライラして説明するときにも使う。

＊「dakara」→ Used when the listener has not sufficiently understood so the speaker is explaining angrily.

例 子「あ〜、転んでけがしちゃった。」
母「だから、言ったでしょう。走っちゃだめって。」

Child "Ah? I fell and hurt myself."
Mother "I told you! Don't run."

例 妻「どうして、もう寝てるの？」
夫「だから、明日ゴルフ。うるさいなあ。」

Wife "Why are you already in bed?"
Husband "Tomorrow is golf! Be quiet."

＊中級表現の使い方 14　Intermediate Expressions Usage 14

「ところで」「さて」

＊新しい話題が始まると示す場合に使う表現。

＊Used when showing that a new topic has begun.

● 2つのちがい

❑ ところで　＋〔前文と関係がない内容〕

Content is unrelated to the Prior phrase.

❑ さて　＋〔自問・ひとり言など〕

asking oneself/talking to oneself/etc.

〈ところで〉　tokorode, well, by the way

使い方 話の流れを中断する・変更する・くわしい説明を要求するときなどの表現。

Expression for stopping the flow of a topic/changing the flow of a topic/asking for a detailed explanation/etc.

注意 後文で前文の内容をまったくかえる。

The Subsequent phrase complete changes the topic of the Prior phrase.

例 今年もそろそろ終わりますね。ところで、ご家族はお元気ですか？

The year is coming to an end, isn't it. By the way, is your family well?

例 ×〈講演中〉「1ページのグラフではこうなっています。ところで、今度は2ページの表を見てみましょう。」

〈さて〉 sate, well

使い方 話し手が１人で、話の流れをコントロールするときの表現。

Used when controlling the flow of a topic when a speaker is speaking alone.

注意 前文と後文の内容に関係がある。後文に意志・誘いかけの文がくることが多い。１人で話す講演やひとり言で使われることが多い。

There is a connection between the Prior Phrase and Subsequent phrase.
Often the Subsequent phrase contains volition/invitation. Often used when speaking to self, in lectures, etc.

例 〈講演中〉「1ページのグラフではこうなっています。
さて、今度は2ページの表を見てみましょう。」

〈During lecture〉 "The Page 1 graph is like this.
Well, now let's look at the diagram on Page 2."

前の内容のつづき

例 〈メニューを見ながら〉
さて、何を食べようかな。 〈ひとり言〉

〈While looking at the menu〉
Well, what shall I eat ? 〈Speaking to self〉

例 ×今年もそろそろ終わりますね。さて、ご家族はお元気ですか。

＊中級表現の使い方 15　Intermediate Expressions Usage 15

「いちおう／一応」「とりあえず」

＊不十分であるが、最低限の状態になっている
　という意識の表現。

＊Shows a feeling that something is not complete but it barely enough.

● 2 つのちがい

❑ いちおう／一応　＋〔仮の行為・本格的ではない行為〕
temporary/incomplete action

❑ とりあえず　＋〔時間不足による不完全な行為〕
incomplete action because of lack of time

〈いちおう／一応〉　ichiou, sort of, more or less

使い方 完全ではないが、たぶん大丈夫であると思える状態を示すときの表現。
Expresses that something is not complete but in a probably OK condition.

注意 後で完全なものにするという表現。時間の意識はない。
Will be completed later. No sense of time.

満足ではない状態

例 作文、いちおう書いてみました。
間違ったところがあれば直してください。
I more or less wrote the essay. If there are any mistakes please correct them.

例 会議の前に、一応資料に目を通しておいた。
Before the meeting I sort of passed my eyes over the materials.

〈とりあえず〉 toriaezu, for now, first of all

使い方 時間がないので、不十分だが今できることを実行する意識を示すときの表現。

Used when there is not enough time but the action will be enough for now.

注意 時間の意識がある。

Includes a feeling of time.

急いですること

例 あ、ナイフで手を切っちゃった。とりあえず血を止めなくちゃ。

Ah, I cut my hand with a knife. Well, first of all, I must stop the bleeding.

例 地震が起こった場合は、とりあえず身を守りましょう。それから、避難しましょう。

If there is an earthquake then first thing is to protect oneself. Then to take shelter.

これも覚えましょう！ Let's learn this.

＊「いちおう／一応」 ⟶ 謙遜表現でも使う。

＊「ichiou」 → used as a humble expression

例 友達「山田さん、社長になったの？」
山田「うん。一応。」

Friend “Mr. Yamada, you became the company president? ”
Mr. Yamada “Yes. Sort of.”

＊中級表現の使い方 16 Intermediate Expressions Usage 16

「(その) 反面」「(その) 一方」「それに対して」

＊話題の持つちがいを比べる表現。

＊Compares the differences of topics.

● 3つのちがい

- ❑ (その) 反面 ＋〔1つの対象の別の面〕
  Different facet of one object
- ❑ (その) 一方 ＋〔1つまたは複数の対象の別の面〕
  Many facets of one or more objects
- ❑ それに対して ＋〔一対の対象の別の面〕
  Different facets of a pair of objects

自転車は便利！
〈その反面〉
危険なときもある

地球の北半球と南半球は季節がちがう
〈その一方〉

父はきびしいけど、母はやさしい
〈それに対して〉

〈(その) 反面〉 (sono) han men, on the other hand, in contrast

使い方 1つの対象の持つ2つのちがった面を示す表現。

Shows two different facets of the same object.

注意 対象は1つ。2つの面は逆の面でプラス・マイナス反対のもの。

One object. The different facets are opposite, positive and negative.

例 スマホは便利な反面、目や姿勢に悪い影響を与える。

Smartphones are convenient, but on the other hand they have a bad effect on the eyes and posture.

1つの面　　別の面

例 ○外国で生活をするのは、楽しい反面、孤独でさびしいこともある。
〔対象：外国での生活〕

Living overseas is fun, but on the other hand, you can be lonely.
〔object : living overseas〕

×外国で生活をするのは、楽しい反面、おもしろい。

〈(その) 一方〉 (sono) ippou, on the other hand, in contrast

使い方 2つの対象が持っているものがそれぞれ異なる側面を持っていることを示す表現。

Shows two objects have different facets.

注意 主体は1つでも2つでもいい。

The subject can be one or two things.

例 あの人は他人にはきびしい一方で、自分には甘い。

That person is strict to other people, but in contrast, he is kind to himself.

対象：北海道　　対象：沖縄

例 ○2月、北海道では雪が降り、一方沖縄では桜が咲き始める。

In February snow is falling in Hokkaido, but in contrast, in Okinawa the cherry blossoms are beginning to flower.

×2月、北海道では雪が降り、反面沖縄では桜が咲き始める。

〈それに対して〉 sore ni taishite, on the other hand, in contrast

使い方 比較する２つの対象が一対のものだという意識を示す表現。

Shows the recognition that the objects being compared are a pair.

注意 ２つの異なる事態のちがいに焦点を当てる。
２つはプラス・マイナス反対のものでなくてもいい。

Emphasizes the differences between two different objects.
The two objects do not have to be positive and negative.

ペア＝夏と冬

例 東京の夏は湿度が高い。<u>それに対して</u>冬は乾燥して湿度が低い。

The Tokyo summer is humid. In contrast, winter is dry with low humidity.

例 ストレスを感じると男性は一人になりたいと思う。<u>それに対して</u>、女性はだれかと相談したいと思うそうだ。

I think when men feel stress they want to be alone.
In contrast, I heard women want to talk with someone.

ペア＝男性と女性

これも覚えましょう！ Let's learn this.

＊「ぎゃくに／逆に」「反対に」 ⟶ 前後の話題を比べてちがいを示す場合に、話し言葉で使われる。

＊「gyaku ni」「hantai ni」→ Used in conversation, compares the before and after topics and contrasts them.

例 東京の夏は湿度が高い。<u>逆に</u>／<u>反対</u>に冬は乾燥して湿度が低い。

The Tokyo summer is humid. In contrast the winter is dry, with low humidity.

＊中級表現の使い方 17　Intermediate Expressions Usage 17

「しかも」「おまけに」

＊前文の事柄に、後文で何かをつけ加える場合に使う表現。
＊おどろき・意外性・批判・非難などを示す。
＊Subsequent phrase adds something to the facts in the Prior phrase.
＊Shows surprise, unpredictability, judgment, criticism, etc.

● 2 つのちがい

❑ しかも　＋　〔前文より重要な内容〕
more important content than the Prior phrase

❑ おまけに　＋　〔話し手に都合がいい・都合が悪い内容〕
something either of advantage or disadvantage to the speaker

〈しかも〉　shikamo, what is more, moreover, nevertheless

使い方 前文の事柄より後文でもっと程度のすごいものがあると言うときの表現。
Used when the Subsequent phrase is much more important than the Prior phrase.

注意 話し手の予想に反することに対する共通したおどろき・意外感・評価をあらわすこともある。プラス評価を重ねる場合とマイナス評価（批判・非難）を重ねる場合がある。
Can show both listener and speaker share a surprise/unpredicted feeling/evaluation different from what was expected from what the speaker said. Can add a positive or negative (criticism, judgment) evaluation.

プラス評価　プラス評価

例 彼は品行方正で、しかも成績優秀なので採用しました。
He is of good moral character, what is more had good results, so we hired him.

マイナス評価　マイナス評価

例 彼は悪いことばかりして、しかも反省していない。

He is always doing bad things, nevertheless he never repents.

例 この自販機では、スマホが充電できます。しかも無料です。

You can recharge your smartphone at this vending machine. What is more, it is free.

例 ×同窓会には山田が来た。しかも田中も来た。
〈「程度のすごいもの」ではないので、×〉

○同窓会には山田が来た。それに田中も来た。

Mr. Yamada came to the alumni meeting. Also, Mr. Tanaka came.

〈おまけに〉 omakeni, in addition, what's more

使い方 話し手にとって、都合がいい・都合が悪いことが重なるときの表現。

Used when the speaker feels the additional information is good or bad for him.

注意 くだけた話し言葉。命令文・希望文の中では使わない。後文の事柄はあまり重要でないというニュアンスのときにも使われる。

Informal spoken form. Not used with sentences expressing orders or desires.
Also used when there is a nuance that the information in the Subsequent phrase is not so important.

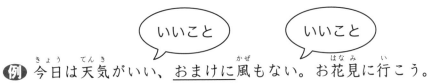

いいこと　いいこと

例 今日は天気がいい、おまけに風もない。お花見に行こう。

Today the weather is good, what's more there is no wind. Let's go cherry blossom viewing.

悪いこと　悪いこと

例 記者会見はたった3分間、おまけに質問には何も答えない。

The press conference was just 3 minutes, what is more, he did not answer any questions.

例 ×ぼくは美咲さんが好き、おまけに希さんも好きだ。
〈都合がいいこと・悪いことの評価ではない〉

＊中級表現の使い方 18　Intermediate Expressions Usage 18

「または」「あるいは」「それとも」

＊選択できるものを並べる場合に使う表現。
＊選択肢を示す表現。

＊Used when listing up choices.
＊Shows options.

● 3つのちがい

- ❑ **または**　＋　〔1つを選ぶ〕
  choosing one thing
- ❑ **あるいは**　＋　〔1つまたは2つを選ぶ〕
  choosing one or two things
- ❑ **それとも**　＋　〔疑問文をむすぶ〕
  connects a question sentence

〈または〉　matawa, or

使い方 示したもののどちらか1つを選ぶときの表現。
Used when choosing one thing from the alternatives.

注意 それ以外の選択肢はない。
There are no other alternatives.

例 この書類には、判またはサインが必要です。
These materials need a seal or signature.

例 (　　　　) の中に、○または×を書き入れなさい。
Please fill in the (　) with a ○ or a ×.

〈あるいは〉 aruiwa, or

使い方 どちらか１つを選ぶ場合と、両方を選ぶ場合があることを示す表現。

Shows that either one or both things can be chosen.

例 テレビあるいはインターネットを通して世界のニュースを知る。

We know the world news by TV or by internet.

例「ゼミや会合で何か嫌なことがあるときは、文句を言ったり、反対をしたり、あるいは、不満そうな顔をみせてほしい。しかし、最近の学生はそうせずに何も言わずに来なくなる」と、大学の先生がなげいていた。

"In the seminars and meetings whenever there is something that is not liked I want them to complain, to protest, or to show an unhappy face. However, recent students do none of that, they say nothing but stop coming" lamented the University Professor.

〈それとも〉 soretomo, or

使い方 聞き手に判断を求めるときの表現。

Used when asking the listener to make a decision.

注 意 話し言葉。疑問文と疑問文をむすぶ。

Spoken form. Links question sentence to another question sentence.

例 ○お昼どうする？　お弁当でも買ってくる？
それともレストランに行く？

What shall we have for lunch? Shall I go and buy lunch boxes? Or shall we go to a restaurant?

×お昼どうする？　お弁当でも買ってくる？
それともレストランに行こう。

これも覚えましょう！ Let's learn this.

＊「でなけりゃ」──▶ 選択肢を示すときに使うくだけた表現。

＊「denakerya」→ Informal expression showing options.

例 サッカー部、でなけりゃ野球部に入りたい。

I want to join the soccer club, or the baseball club.

＊中級表現の使い方 19

Intermediate Expressions Usage 19

「とにかく」「なにしろ」

＊前文より後文が重要な場合に使う表現。
＊先行部を無視し、後文の内容が大切であると主張する表現。

＊Used when adding in the Subsequent phrase something more important than the Prior phrase.
＊Ignores the Prior phrase and emphasizes that the Subsequent phrase is important.

● 2 つのちがい

❑ とにかく　＋　〔現状をそのまま受け止める文〕
Sentence that accepts the current situation

❑ なにしろ　＋　〔様子をあらわす文〕
Sentence that shows a situation

〈とにかく〉

tonikaku, at any rate, anyhow

使い方 前文で原因や現状の分析をするが、後文でそれらは大したことではない、「結論はこれである」とする表現。

The current situation in the Prior phrase is analyzed but the Subsequent phrase shows that it is not so important and expresses a conclusion.

注意 後文に命令・依頼・意志が続く。
細かいことは考えずに、行動に移すことを示す表現。

The Subsequent phrase continues as an imperative/request/volition.
Shows movement without considering details.

例 〈電話〉「水道の修理お願いします。水が出ないんです。
お風呂とトイレは大丈夫ですが、
台所が出なくて。とにかくすぐ来てください。」

行動する

〈Telephone〉“I would like some plumbing repairs. There is no water coming out. The bath and toilet are fine, but nothing coming out in the kitchen. Anyway, could you come at once please?

例 秋のイベントを音楽祭にするか、スポーツ大会にするか考えています。とにかく早く準備を始めなくては。

We are wondering whether to have a music festival or a sports meeting as an autumn event.
Anyhow, need to start preparations soon.

例 あそこのラーメンはおいしいですよ。とにかく食べてみてくださいよ。

That ramen restaurant is delicious. Anyhow, please try it sometime.

〈なにしろ〉 nanishiro, at any rate, anyhow

使い方 現状を分析したり、批判したりしないで、１つの点を強く言うときの表現。現状がマイナス状態なので、それにおどろき慌てて、考えるのをやめている表現。

Emphasize one point without analyzing or judging the situation.
The current situation is negative so expresses giving up because surprised or flustered.

注意 話し言葉。「なにしろ」の後は状態・様子をあらわす文がくる。
他に選択肢がないという弱い立場での感情をあらわす。
次の動作を示す文にはつかない。

Spoken form. A phrase expressing condition/appearance follows “nanishiro.”
Shows a feeling of weakness, no options available.
Does not continue with the next action.

マイナス状態

例 寒いです。なにしろ、仕事も金もないんで……。電気止められているんで……。

マイナス状態

It is cold. Anyhow, I have no job or money… My electricity is cut off…

例 妻が急に怒り出したんですよ。なにしろ理由がわからなくて、どうしていいか……。

My wife suddenly got angry. Anyhow, I don’t know why, what should I do…

例 ×寒いですね。なにしろ、ヒーターをつけましょう。

○寒いですね。とにかく、ヒーターをつけましょう。

It’s cold, isn’t it. Anyhow, let’s put on the heater.

＊中級表現の使い方 20　Intermediate Expressions Usage 20

「かえって」「むしろ」「とりわけ」

＊前文より後文の内容がよく当てはまる場合に使う表現。

＊Used when showing the Subsequent phrase is more appropriate than the Prior phrase.

● 3 つのちがい

- ❑ かえって　＋　〔前文を否定する内容〕
  Negates the Prior phrase
- ❑ むしろ　＋　〔前文を否定しない内容〕
  Does not negate the Prior phrase
- ❑ とりわけ　＋　〔他と格差をつける内容〕
  Adds another difference

〈かえって〉　kaette, on the contrary, rather

使い方 予想と反対の結果になってしまうことを言う表現。

Expresses that the result was opposite to expectations.

注意 後文の結果はマイナスの結果になることが多い。積極的な表現。
前文を否定する表現。

The Subsequent phrase often has a negative result.
Assertive expression. Negates the Prior phrase.

例 先生に文法を説明してもらったら、かえってわからなくなった。
〈先生の説明はだめだ〉

I had the teacher explain the grammar but, instead, I became unable to understand it.
〈Teacher's explanation was not good〉

例 株を買って金持ちになろうと思ったら、かえって貧乏になっちゃった。
〈金持ちにならなかった〉

I bought shares and thought I would be rich, but, contrary to that, I became poor.　〈Did not become rich〉

〈むしろ〉 mushiro, on the contrary, rather

使い方 同じ程度のものを比較するときの表現。前文を否定しないで、後文の内容を認める表現。

Compares things of similar level. It does not negate the Prior phrase but acknowledges the Subsequent phrase instead.

注意 消極的な表現。前文が否定形の場合、後文でその否定の程度を大きくする。

Passive expression. If the Prior phrase is negative the Subsequent phrase increases the negativity.

2月も寒いが

例 年によっては2月より、<u>むしろ</u>3月が寒いことがある。

It varies by year but rather than February, March is the colder.

教科書も役に立つ

例 日本語勉強するの？　じゃ、教科書より、<u>むしろ</u>漫画を読む方が役に立つよ。

Studying Japanese? Well, rather than text books, reading manga is useful.

例 彼は元気がないというより、<u>むしろ</u>病気だ。

Rather that not full of life, he is sick.

元気がない＜病気

〈とりわけ〉 toriwake, above all, in particular

使い方 平均以上の状況を比較するときの表現。「他のものとはちがう」と格差をつける意志をあらわす。

Used when comparing with things that are above average. Shows "this is different from the others".

注意 書き言葉。かたい話し言葉。主観的判断。
プラス評価・マイナス評価どちらにも使う。

Written form. Formal spoken form. Subjective decision. Used for positive and negative evaluations.

マイナス評価　マイナス評価

例 彼の成績はよくないが、<u>とりわけ</u>数学がひどい。クラスでビリだ。

His results are not good, in particular his mathematics is terrible. He is bottom of the class.

プラス評価　プラス評価

例 ○和食はどれもおいしいが、<u>とりわけ</u>京料理はすばらしい。

Japanese cuisine is all delicious, in particular, Kyoto cuisine is magnificent.

× 和食はどれもおいしいが、<u>かえって</u>京料理はすばらしい。

× 和食はどれもおいしいが、<u>むしろ</u>京料理はすばらしい。

＊中級表現の使い方 21　Intermediate Expressions Usage 21

「あっという間に」「たちまち」

＊状況が急に進む場合の表現。

＊Expresses that a situation has suddenly progressed.

● 2つのちがい

❑ あっという間に　＋〔目などの感覚器官で感じられない変化〕

change not perceptible with our sensory organs (eyes, etc.)

❑ たちまち　＋〔感覚器官で感じられる変化〕

change perceptible with our sensory organs

〈あっという間に〉　attoiu ma ni, in an instant, immediately

使い方 変化していく様子が「目で見ることができない」という感じをあらわす。

Shows a feeling that the change is "invisible to the eye."

注意 話し言葉。非常に短い時間だと話し手が主観的に感じる場合に使う。時間は実際には長くてもかまわない。

Spoken form. Used when speaker subjectively feels that the time period is extremely short. Can be used even if the time period is actually long.

例 横に置いたカバンが、あっという間にぬすまれた。

The bag I placed to my side was stolen immediately.

例 今日は忙しく、あっという間に一日が終わってしまった気がする。

Today I was busy, I feel that the day finished in an instant.

例 今日は卒業式だ。学生時代はあっという間に過ぎてしまった。

Today is my graduation ceremony. Student life has passed in an instant.

〈たちまち〉 tachimachi, in an instant, immediately

使い方 視覚・聴覚で体験しているという意識の表現。

Speaker is experiencing something via sight/hearing.

注意 変化が短いが、ある程度の時間で起きる。「あっという間に」より長い時間。「見ている間に」という感じをあらわす。

The change is short but takes place over a certain period.
Longer period than "attoiu ma ni." Shows a feeling of "while we were watching."

（その場にいる意識）

例 空が暗くなると、<u>たちまち</u>雨が降ってきた。

The sky became dark and immediately it started to rain.

例 アイドルがあらわれると、<u>たちまち</u>大勢の人が集まってきた。

When the idol appeared a large number of people assembled in an instant.

（自分の目で見ている意識）

これも覚えましょう！ Let's learn this.

＊「みるみる」「見る間に」──▶ 状況が急に進むことをあらわすときによく使われる表現。

＊「mirumiru」「mirumani」→ Often used when a condition suddenly progresses.

例

女の子は不思議な夢を見ました。夢の中で目を開くと、女の子の体は<u>みるみる</u>大きくなって、頭が雲にぶつかりました。びっくりして目を閉じると、今度は<u>見る間に</u>小さくなって、アリの巣に落ちてしまいました。

みるみる大きくなった！
見る間に小さくなった！

ちょっとテスト1

次の文を読んで、（1）～（3）に入るものをa・b・cから選び、○をつけなさい。

ほとんどの物質の密度は、気体のときに小さく、次が液体で、固体のときが一番大きくなります。液体より、固体のほうが重いのが普通です。ところが水は逆で、固体になると分子の結合に隙間が多くできるために、液体より軽くなります。そのせいで、氷は水の上に浮くわけです。

いまでも冬になると、海や川が凍ることがあります。（　1　）、多くの場合それは表面だけで、底まで凍り付くわけではありません。（　2　）表面に氷が張ることによって、水の中がそれ以下に冷えるのを防いでいます。（　3　）、水中の生物は生き延びることができます。これと同じことが、全球凍結状態※注1の地球の海でも起こったかもしれません。これによって、例えば現在の海底熱水孔※注2の生物のように、太陽の光がなくても生きられる生物は、生き残ることができたはずです。

〔阿部 豊『生命の星の条件を探る』文藝春秋　刊〕

（1）	a. おまけに	b. なぜなら	c. しかし
（2）	a. むしろ	b. ただし	c. とりわけ
（3）	a. それに対して	b. そのため	c. あるいは

※注1　全球凍結状態：地球全体が凍ってしまう状態。

Whole earth is frozen.

※注2　海底熱水孔：海の底にある熱水が噴き出している穴。

Hole at the bottom of the ocean where hot water spurts out.

（※原文注・ふりがな引用者追加）

練習問題

1. 正しい文に○を、間違っている文に×を［　　］に書きなさい。

［×］【例】今日は天気が悪い、ただし雨が降っている。

［　　］【1】とりあえずホテルにチェックインして、それからゆっくり見物に行こう。

［　　］【2】雪道で足をすべらせて転んだ。しかもその姿を好きな人に見られてしまった。

［　　］【3】セールスマン「断っていただいても結構ですので、とにかくご説明だけでもさせていただけませんか。」

［　　］【4】夜は冷えるので、セーターとりわけカーディガンを持って行ったほうがいいですよ。

［　　］【5】私の国では車は右側通行だ。反面、日本は左側通行なので、日本に来たばかりのころはこわかった。

［　　］【6】試験の答えは一応全部書いたものの、まったく自信がない。

［　　］【7】上海に旅行したとき、李さんがいろいろ案内してくれた。一応夕飯もごちそうしてくれた。うれしかった。

［　　］【8】大きい会社の歯車になって働くより、むしろ小さい会社で思いきり活躍したい。

［　　］【9】もう2週間もダイエットを続けている。それに対して、ぜんぜんやせない。

［　　］【10】彼は歌手として人気がある。一方で俳優としても活躍を続けている。

［　　］【11】なにしろ残業が多すぎて、毎日くたくたです。

［　　］【12】明日は朝5時に出発しなければならない。そのため今日は早く寝よう。

［　　］【13】日本では1603年に江戸幕府が成立しました。さてこの頃、世界ではどのようなことがあったのでしょうか。

［　　］【14】この書類は黒むしろ青い色のペンで記入してください。

［　　］【15】このあたりは静かで住みやすい。ただ、親切な人も多い。

[　　]【16】子どものとき宇宙人に会ったことがある。もっともこんな話をしても誰も信じてくれないが。

[　　]【17】どんなに眠くてもこのスーパードリンクを飲めば、たちまち目が覚めます。

[　　]【18】たくさんのゲームの中で、とりわけこのゲームは子どもたちに人気がある。

[　　]【19】何かトラブルが発生したら、あっという間に連絡してください。

[　　]【20】薬を飲んだら、かえって気分がよくなった。

2. ｛　　｝の中から正しいものを選び、○をつけなさい。

【例】借りたお金は｛a. たちまち　b. すぐに　c. きゅうに｝返します。

【1】次の会議、｛a. とりあえず　b. ところで　c. とりわけ｝日程だけ先に決めておきませんか？　細かいことは、後で決めましょう。

【2】結婚式は絶対にこのホテルでしようと決めている。｛a. さて　b. ぎゃくに　c. もっとも｝結婚したい相手はまだいないのだけれど。

【3】投票率が低いのは、選挙で投票したい人がいないというより、｛a. むしろ　b. かえって　c. 反面｝政治に無関心な人が多いからではないでしょうか。

【4】本日、卵1パック90円。｛a. 一方　b. ただし　c. そして｝お一人様1点限りです。

【5】あのドラマ、本当に面白いよ。だまされたと思って｛a. みるみる　b. とにかく　c. それでは｝見てみて。

【6】あの子はずっと元気がなかったけど、お母さんが退院したら｛a. もうすぐ　b. ところで　c. たちまち｝元気になった。

【7】恐れ入りますが、こちらに印鑑｛a. そのうえ　b. とりあえず　c. または｝サインをいただけますか？

【８】友達を励まそうと思って言った言葉が｛a. なにしろ　b. かえって　c. ところが｝彼を傷つけてしまった。

【９】上の子はどちらかと言えばのんびりした性格だ。｛a. それに対して　b. 反面　c. かえって｝下の子は何をするのもはやい。

【10】あいつには本当に頭にきた。人にさんざん迷惑をかけておいて、｛a. もっとも　b. しかも　c. あっという間に｝一言もあやまらないんだから。

【11】昨日、風邪で休んでおりました。｛a. そのため　b. なぜなら　c. そうしたら｝返信が遅くなってしまい、申し訳ありません。

【12】彼はよほど失礼なことを言ったのだろう。｛a. あるいは　b. しょっちゅう　c. でなけりゃ｝優しい斉藤さんがあんなに怒るはずがないよ。

【13】A「夏休み、どこか行くの？」

B「どこも。｛a. おまけに　b. なにしろ　c. ところで｝こんなに暑くちゃ、出かける気にもなれないよ。」

【14】A「B君、ソムリエの資格持っているんだってね。どうりでワインに詳しいわけだ。」

B「まあ、｛a. 一応　b. ただ　c. とりわけ｝ね。」

【15】店の人「お客様、誠に申し訳ございません。確認いたしましたところ、こちらのミスだとわかりました。」

客「｛a. だって　b. でも　c. だから｝さっきから何度もそう言っているじゃないですか。」

3. 次の文を読んで、{　　} の中のａ～ｄを正しい順に並べなさい。

【例】私は医者だ。{ a. 血を　b. ところが　c. 失神　d. 見ると } しそうになる。

【答え】→ {　*b*　*a*　*d*　*c*　}

（正解文：私は　医者だ。{ ところが、　血を　見ると　失神 } しそうになる。）

【１】A「この書類、私も一応 { a. 通した　b. を　c. けれど　d. 目 }、坂本さんにも見てもらってください。」

B「はい、かしこまりました。」

→ {　　　　　　　　　　}

【２】A「腕、すごくはれてるね。どうしたの？」

B「虫に刺されたみたいなんだ。チクッと感じたと思ったら、{ a. しまって　b. こんなに　c. なって　d. たちまち }。」

→ {　　　　　　　　　　}

【３】A「お母さん、このおせんべい、食べてもいい？」

B「いいわよ。{ a. だから　b. あまり　c. ただ　d. ごはん前 } 食べすぎないようにね。」

→ {　　　　　　　　　　}

【４】A「お客様、申し訳ありません。当店は { a. キャッシュレス　b. または　c. クレジットカード　d. なので } 電子マネーでお支払いください。」

B「えっ、そうなんですか。困ったなぁ。」

→ {　　　　　　　　　　}

【５】A「待たせてごめん。早く来ようと思ってタクシーに { a. かえって　b. なっちゃって　c. 乗ったら　d. 遅く }。」

B「この時間帯は道が混むからね。」

→ {　　　　　　　　　　}

【6】A「今度の課長、命令ばかりでほんとにいやになっちゃうよ。」

B「{a. おまけに　b. 失敗を　c. 人の　d. 自分の}

せいにするしね。」

→ {　　　　　　　　　　}

【7】A「この {a. それとも　b. あっちか　c. 帽子か　d. どっち}

のがいい？」

B「こっちのほうが似合うんじゃない？」

→ {　　　　　　　　　　}

【8】A「結婚おめでとう。ご主人はどんな人？」

B「しっかりしていて {a. 反面　b. 頼りがい　c. が　d. ある}、

意外におっちょこちょいで面白い人だよ。」

→ {　　　　　　　　　　}

【9】A「この荷物、どうしましょうか？」

B「{a. とりあえず　b. おいて　c. して　d. そのままに}。

後で片付けるから。」

→ {　　　　　　　　　　}

【10】近所の人に見たことのない野菜をいただいたけど、{a. どうやって

b. さて　c. いいんだろう　d. 食べれば}。

→ {　　　　　　　　　　}

4. 次のａ～ｄの中から<u>下線</u>に**入らないもの**を選び、○をつけなさい。

【例】外で楽しそうな話し声がした。＿＿＿＿＿＿＿＿＿＿

(a.) すると、外へ出てみた。

b. そこで、外へ出てみた。

c. それで、ドアを開けた。

d. で、ドアを開けた。

【１】この俳優は演技が上手でかっこいい。＿＿＿＿＿＿＿＿＿＿

a.　おまけに、声も素敵だ。

b.　または、声も素敵だ。

c.　しかも、声も素敵だ。

d.　それに、声も素敵だ。

【２】なごみ旅館は温泉がすばらしい。＿＿＿＿＿＿＿＿＿＿

a.　その反面、いこい旅館は料理が最高だ。

b.　それに対して、いこい旅館は料理が最高だ。

c.　そして、いこい旅館は料理が最高だ。

d.　一方、いこい旅館は料理が最高だ。

【３】パクさんは、国から家族が遊びに来るそうです。

だから、＿＿＿＿＿＿＿＿＿＿

a.　京都または広島に一緒に行くと言っていました。

b.　京都でなけりゃ広島に一緒に行くと言っていました。

c.　京都あるいは広島に一緒に行くと言っていました。

d.　京都それとも広島に一緒に行くと言っていました。

【4】 うちの子はピアノの天才ではないだろうか。つい最近始めたばかりなのに、

＿＿＿＿＿＿＿＿＿＿＿＿＿＿

a. みるみる上手になった。
b. あっという間に上手になった。
c. たちまち上手になった。
d. もうすぐ上手になった。

【5】 大きな台風が接近している。＿＿＿＿＿＿＿＿＿＿＿＿＿＿

a. そのため、キャンプは中止になった。
b. それに対して、キャンプは中止になった。
c. それで、キャンプは中止になった。
d. だから、キャンプは中止になった。

【6】 インターネットで買い物をした。＿＿＿＿＿＿＿＿＿＿＿＿＿＿

a. しかし、2週間たっても品物が届かない。
b. それなのに、2週間たっても品物が届かない。
c. ただ、2週間たっても品物が届かない。
d. ところが、2週間たっても品物が届かない。

【7】 飛行機がダブルブッキングになっていた。一時はどうなることかと心配したが、同じ便のファーストクラスに乗せてもらえることになって、＿＿＿＿＿＿＿

a. 逆によかった。
b. かえってよかった。
c. もっともよかった。
d. むしろよかった。

【8】 私は日本画、＿＿＿＿＿＿＿＿＿＿＿＿＿＿

a. とりあえず江戸時代に描かれた絵に興味がある。
b. 特に江戸時代に描かれた絵に興味がある。
c. なかでも江戸時代に描かれた絵に興味がある。
d. とりわけ江戸時代に描かれた絵に興味がある。

【9】この中学校に入学すれば、受験をせずに高校に入れる。＿＿＿＿＿＿＿＿＿＿

a. ただ、成績がとても悪い場合は別だ。

b. もっとも、成績がとても悪い場合は別だ。

c. ただし、成績がとても悪い場合は別だ。

d. さて、成績がとても悪い場合は別だ。

【10】最近は仕事が終わると家にまっすぐ帰って寝るだけなんです。

＿＿＿＿＿＿＿＿＿＿＿＿＿＿

a. そのため、とても疲れていて。

b. なにしろ、とても疲れていて。

c. とにかく、とても疲れていて。

d. どうしてかというと、とても疲れていて。

5. 次の文を読んで、(1) ～ (3) に入るものを a ～ d の中からそれぞれ選びなさい。

【1】このプログラムは、各自の体力に合わせて楽しみながら運動することを目的としています。(1)、インストラクターの手本通りに動くのが難しいときは無理にまねをせず、どんな動きでもいいので (2) 体を動かし続けてみましょう。(3)、途中で気分が悪くなったり、けがをしたりした場合は、すぐに運動をやめて近くのスタッフに声をかけてください。

(1) a. しかし　b. それでは　c. ですから　d. あるいは

(2) a. とにかく　b. とりわけ　c. たびたび　d. みるみる

(3) a. ところで　b. たちまち　c. かえって　d. ただし

【2】ソファーを買おうと思って家具屋を回った。A店で見つけたソファーは自動リクライニングで座り心地も抜群な (1)、手入れが面倒そうだ。(2)、B店のソファーはA店のに比べて手入れが簡単で座り心地もいいが、デザインがいまひとつだ。A店のがいいか、(3) B店のにするか、悩むなあ。

(1) a. 一応　b. 反面　c. その上　d. もっとも

(2) a. それが　b. または　c. むしろ　d. 一方

(3) a. それとも　b. おまけに　c. なにしろ　d. それに対して

【3】家庭菜園で特に人気のある野菜といえば、ミニトマト。どのトマトもおいしいのですが、(1) このタイプは成長がはやく、(2) たくさんの実をつけてくれます。(3) 害虫にも強いので育てやすく、初心者の方にもおすすめです。

(1) a. すなわち　b. すると　c. つまり　d. とりわけ

(2) a. もうすぐ　b. あっという間に　c. ようするに　d. きゅうに

(3) a. たいてい　b. 反対に　c. しかも　d. だから

【４】 A「今年の桜は長く楽しめてよかったね。（　１　）新しい仕事はどう？」

B「それがけっこう大変なんだ。（　２　）わからないことだらけで。（　３　）周りの人に聞けば、みんな親切に教えてくれるんだけどね。」

(1) a. さて　b. それとも　c. ところで　d. そこで

(2) a. なにしろ　b. ぎゃくに　c. とりあえず　d. めったに

(3) a. それなら　b. もっとも　c. とにかく　d. でなけりゃ

【５】 久しぶりの連休にゆっくりしたいと思って温泉宿に行った。ところが、その日は宿泊客が多く、どの時間に行っても風呂は人でいっぱいだった。（　１　）、隣の部屋の人たちが夜遅くまで騒いでいたので、よく眠れなかった。こんなことになるなら、（　２　）近くの映画館にでも行くか、（　３　）家にいたほうがリラックスできたかもしれない。

(1) a. しかも　b. それで　c. 一方　d. そのため

(2) a. ていうか　b. ただし　c. 見る間に　d. むしろ

(3) a. あるいは　b. だいたい　c. よく　d. 一応

STEP3

ブラッシュアップ

上級表現の使い方 22 ～ 33

Brush Up

Advanced Expressions Usage 22 - 33

STEP3　ブラッシュアップ　Brush Up

＊上級表現の使い方 22　Advanced Expressions Usage 22

「そのうち」「まもなく」「やがて」「いずれ」

＊時間をあらわす表現。
＊近い未来をあらわす表現。

＊Expressions showing time.
＊Expressions showing the near future.

● ４つのちがい

- ❑ そのうち　＋　〔実現しないかもしれないこと〕
  Something that may not happen
- ❑ まもなく　＋　〔実現するとはっきり信じていること〕
  Something believed for sure will happen
- ❑ やがて　＋　〔現在の状態が続いた後、実現すること〕
  Something that if the current situation continues will happen
- ❑ いずれ　＋　〔実現すること〕
  Something that will happen

〈そのうち〉 sono uchi, before long, someday, sometime

使い方 必ず実現するかどうかわからないときの表現。

Used when not sure if something will absolutely happen.

注意 責任回避であいまいな表現。客観性がない。

Expresses avoiding responsibility. Not objective.

例 息子は１年前に、会社を辞めて家にいる。
<u>そのうち</u>働くと言っているけど……。

My son quit his company and has been home since a year ago.
He says he will work sometime but….

行くと
はっきり決めない

例 A「遊びに来てね。」
B「うん。<u>そのうち</u>行く。」

A "Please visit !"
B "Yes. I will sometime."

〈まもなく／間もなく〉 mamo naku, before long, soon

使い方 現在から、少し後に必ず実現することが前提となるときの表現。

Expresses the assumption that the thing will certainly happen not long from now.

注意 近い未来にきっと実現すると信じている気持ちをあらわす。
「～だろう」「～はずだ」「～にちがいない」と一緒に使うことが多い。

Shows a feeling that it is believed that the thing will certainly happen in the near future.
Often used with "～ darou," "～ hazu da," "～ ni chigainai."

例 ○<u>まもなく</u>３番線に急行がまいります。

The express train will arrive shortly on Platform 3.

×<u>そのうち</u>３番線に急行がまいります。

〈やがて〉 yagate, before long, soon

使い方 現在の状態がしばらく続いた後で、どのくらいの期間かわからないが近い未来に実現するときの表現。

Shows that if the current situation continues then in the near future (unclear when) something will happen.

注意 小説などに使われることが多い。過去の出来事にも使われる。

Often used in novels, etc. Also used with events in the past.

例 津波の恐ろしさもやがて忘れられ、人々は危険な所に家を建て始めるだろう。

People will soon forget the terror of the tsunami and will begin to build houses again in dangerous places.

ノーベル賞がない
状態が続いた後で

例 有能な彼女は、やがてノーベル賞をもらうだろうと期待されていた。

It was hoped that the talented lady would probably soon receive a Nobel prize.

〈いずれ〉 izure, sooner or later, one of these days

使い方 「いつ」とはっきり言えないが、必ず実現することが前提となるときの表現。

"When" is not clearly being expressed but expression assumes it will certainly happen.

注意 かたい表現。

Formal expression.

実現する行為

例 ○詳しいことは、いずれご報告いたします。

I will report the details soon.

×詳しいことは、やがてご報告いたします

＊上級表現の使い方 23　Advanced Expressions Usage 23

「いきなり」「ふいに」「だしぬけに」

＊予測できないことが瞬間的に起きる表現。
＊Expresses something that could not be predicted happens in an instant.

● 3 つのちがい

- ❑ **いきなり**　＋〔手順をふまない状況〕
  not following a procedure
- ❑ **ふいに**　＋〔マイナスの事柄〕
  negative fact
- ❑ **だしぬけに**　＋〔話し手に関係する事柄〕
  fact related to the speaker

〈いきなり〉　ikinari, suddenly, abruptly

使い方 手順をふまないで、急に今までの状況とちがう何かをする。
行為の受け手が予想できない事柄が、急に起きるときの表現。
Without following a procedure something is suddenly done differently from up until now.
The recipient of the action is not expecting it, it suddenly happens.

例 いきなり訪ねたら失礼だから、メールしてから行こう。
It is rude to just suddenly show up, so let's go after sending an email.

例 初めて会った人に、いきなり結婚を申し込まれた。
I was suddenly proposed marriage by someone who I had just met.

予想できない行為

〈ふいに〉 fuini, suddenly, unexpectedly

使い方 予測していなかったマイナスの事柄が起こり、マイナスの結果になるときの表現。

Expresses some unexpected negative fact happened causing a negative result.

マイナスの情況

例 サーフィンをしていたら、ふいに空が暗くなり大粒の雨が降り出した。

I was surfing and suddenly the sky went black and big drops of rain began to fall.

例 山道を車で走っていたら、ふいに鹿が飛び出してきた。

I was driving a car on the mountain road when suddenly a deer jumped out.

〈だしぬけに〉 dashinukeni, suddenly, unexpectedly

使い方 話し手に関係する行為を、他の人が突然することをあらわす。

Shows another person did an action related to the speaker.

注意 話し手と無関係な行為には使わない。

Not used with actions unrelated to the speaker.

心の準備ができていない事柄

例 男が私にだしぬけにナイフをつきつけた。

The man suddenly thrust a knife at me.

例 × 大勢の人がだしぬけに走り出した。

＊上級表現の使い方 24　Advanced Expressions Usage 24

「やっと」「ようやく」「ついに」「とうとう」「いよいよ」

＊長い時が経過して、事柄が実現する表現。

＊Shows that time has passed and that something has materialized.

● 5 つのちがい

- ❑ **やっと**　＋〔プラスの結果に注目する文〕
  Emphasizes a positive result
- ❑ **ようやく**　＋〔長い間の苦労に注目する文〕
  Emphasizes a long effort
- ❑ **ついに**　＋〔瞬間的な結果に注目する文〕
  Emphasizes a result that happened suddenly
- ❑ **とうとう**　＋〔強い感情をあらわす文〕
  Shows strong emotion
- ❑ **いよいよ**　＋〔これから始まる変化に注目する文〕
  Emphasizes something will begin to change from now

〈やっと〉　yatto, at last

使い方 努力して、困難に打ち勝つことを示す表現。

Expresses some trouble was overcome by effort.

注意 後文にはプラスの評価が入る。必ず実現することに対して使う。

The Subsequent phrase is positive. Used with things that will definitely happen.

努力の結果

例 三浪して、やっと志望校に合格した。

After being a sanrou*, I finally got into the school I wanted.

*sanrou : someone who studied three years after high school to enter college.

例 ×どうしよう。長い間働いていた会社がやっと倒産した。

〈ようやく〉 youyaku, at last

使い方 むずかしさや時間の長さを強調するときの表現。

Used to emphasize difficulty or length of time taken.

注意 必ず実現することに使う。
実際に起きたことをあらわすので未来表現と一緒には使えない。

Used when something will definitely happen.
Shows something actually happened so cannot be used with a future tense.

例 待ちくたびれた頃、ようやく電車が来た。

Just when I got tired of waiting, at long last the train came.

長い時間
がまんして

例 ×ようやく電車が来るでしょう。

○そのうち電車が来るでしょう。

The train will come sometime.

〈ついに〉 tsuini, at last, finally

使い方 長い間計画し、待っていたことが、目的に少しずつ近づき実現するときの表現。

Expresses that something that was long anticipated, that came about step by step, finally happened.

注意 実現を瞬間的なものと感じるときの表現。プラス評価・マイナス評価に付く。必ず実現するもの（季節・時間など）に付けると、不自然になる。

Used when result seems to have happened in an instant.
Can follow with a negative or positive meaning.
Seems unnatural when followed by something that definitely happens (season/time/etc.).

瞬間的な意識

例 暗く長い山道を登り、夜明け前についに頂上についた。

After climbing the dark mountain road, just before dawn broke at last we arrived at the summit.

例 長く失業していたので、ついに貯金がゼロになった。

I have been jobless for a while so finally my savings are zero.

例 △3月末になって、ついに春が来た。

〈とうとう〉 toutou, at lastt, finally

使い方 いろいろな段階を経て、「最後に来るべきものが来た」という感情をあらわすときの表現。

Expresses the feeling that after various steps, something that "must arrive has finally arrived."

注意 決意・覚悟・諦め・喜びなどの強い感情がともなう。

Used with strong emotions of determination/resolution/resignation/joy/etc.

例 両国は長い間交渉を続けていたが、とうとう戦争になってしまった。

Both countries had continued negotiations a long time but in the end they ended up going to war.

よろこび

例 長い研究の末、とうとう新薬を開発した。

After a long research effort, we finally developed the new drug.

〈いよいよ〉 iyoiyo, at last

使い方 長い間計画し、待っていたことが、「これから始まる・始まった」という状況をあらわすときの表現。

Shows that something that has been planned and anticipated for a long time finally "begins/has begun."

注意 マイナス評価もある。

Can express have a negative evaluation.

例 わが校のチームは、1回戦から勝ち進み、いよいよ決勝戦の日が来た。

Our team won from the first match, at last the day of the final match has arrived.

始まったこと

例 いよいよ明日から、新学期だ。楽しみだな。

At last, tomorrow is the new term. I am looking forward to it.

例 日本は、いよいよ人口減少時代が始まった。将来が心配だ。

Japan has finally begun the era of declining population. The future is worrying.

＊上級表現の使い方 25　Advanced Expressions Usage 25

「したがって」「ゆえに／故に」

＊前文の内容から当然後文の結果になるときの表現。

＊Expresses that the Subsequent phrase is a natural result of the Prior phrase.

● 2 つのちがい

- ❑ したがって　＋　〔前文からの当然の結果〕
  Result follows on from the Prior phrase.
- ❑ ゆえに／故に　＋　〔理論的に事情・理由をのべる〕
  Expresses the facts/reason theoretically.

〈したがって〉　shitagatte, consequently, therefore

使い方 原因と結果の意識。当然、後文の事柄になるという意識の表現。

Sense of cause and result. Expresses the sense that the fact in the Subsequent phrase happens naturally.

注意 書き言葉。かたい話し言葉。話し手の意志をあらわす文は後に続かない。

Written form. Formal spoken form. Cannot be followed by speaker's volitional sentence.

例 景気は回復している。したがって生活水準も上がるだろう。

The economy is recovering. As a consequence, living standards are rising.

自動的に生活がよくなる

例 ×バスは今出たばかりだ。したがって歩こう。

○バスは今出たばかりだ。だから歩こう。

The bus just left. So let's walk.

〈ゆえに／故に〉 yueni, consequently, therefore

使い方 理論的な表現。

Theoretical expression.

注意 かたい話し言葉。普通の会話では使わない。

Formal spoken form. Not used in normal conversation.

理論的な結果

例 今年は天候不順が続いた。ゆえに米の収穫が心配されている。

This year's unsettled weather has continued. Consequently this year's rice harvest is a worry.

例 彼は小・中・高と男子だけの学校で学んだ。ゆえに母親以外の女性とコミュケーションをとることは苦手である。

He studied at boys only schools for elementary, middle, and high school.
As a consequence, other than with his mother, communication with women is difficult for him.

例 ×今日、教授は学会だって。ゆえに今日は休講よ。

○今日、教授は学会だって。それで／だから今日は休講よ。

They said that there is a professor's conference today. So today's lecture is cancelled.

＊上級表現の使い方 26　Advanced Expressions Usage 26

「そのくせ」「そのわりに／（その）割に」

＊前文から考えられることが、
予想を上回る・下回るときの表現。

＊Expresses that what could be expected from the Prior phrase was either more or less that what was anticipated.

● 2 つのちがい

❑ そのくせ　＋〔マイナス評価〕
Positive evaluations

❑ そのわりに／（その）割に　＋〔マイナス評価・プラス評価〕
Positive/Negative evaluations

〈そのくせ〉　sono kuse, nevertheless, even so, despite that

使い方 後文にマイナス評価の文がくるときの表現。

Used when the Subsequent phrase is negative.

注意 くだけた表現。後文に命令・希望・依頼はつかない。
前文から期待される内容にならないときの表現。

Informal expression. Not used with a Subsequent phrase which is an imperative/wish/request.
Used when the hope from the Prior phrase is not fulfilled.

マイナス評価の事柄

例 彼はいつも体が痛いと言っている。そのくせゴルフにはよく行く。

He is always saying his body hurts. Despite that he often goes golfing.

例 ×あのレストランはサービスが悪い。そのくせ味はいい。

〈そのわりに／（その）割に〉

sono warini, nevertheless, even so, despite that

使い方 主観的な表現。
主観的基準に比べて上回っている・下回っているとする表現。

Subjective expression.
Expresses something is better or worse than some subjective standard.

注意 後文には肯定も否定もくる。

The Subsequent phrase is either affirmative or negative.

例 よく勉強したけど、そのわりに成績が悪くてがっかりだ。

I studied hard but even so my results got worse, so disappointing.

例 このスマホは安かったけど、わりに質がいいよ。

This smartphone was cheap but even so it is good quality.

＊上級表現の使い方 27　Advanced Expressions Usage 27

「あいにく」「おりあしく／折あしく」

＊不都合な状態をあらわす表現。

＊Expresses an unfavorable situation.

●２つのちがい

❑ あいにく　＋〔話し手にとって不都合な状態〕
Situation is inconvenient for the speaker

❑ おりあしく／折あしく　＋〔タイミングが悪い状態〕
Situation timing is bad

〈あいにく〉　ainiku, unfortunately, inconveniently

使い方 話し手にとってのマイナス状態の表現。

Expresses a negative situation for the speaker.

マイナス評価の事柄

例 あいにく、私の留守の間に先生が家に来ちゃった。

Unfortunately the teacher came to my house while I was out.

例 A「食事に行かない？」
B「ごめん、あいにく今日はお弁当持ってきたんだ。」

A "Shall we go for lunch?"
B "Sorry. Unfortunately I brought a lunch box today."

〈おりあしく／折あしく〉 oriashiku, unfortunately, inconveniently

使い方 場面・状況が具合悪いことを示す表現。

Expresses the scene/condition is bad.

注意 書き言葉。かたい話し言葉。

Written form. Formal spoken form.

状況が悪い

例 スポーツ大会が開催される予定だが、折あしく台風が近づいている。

It was planned to start the sports contest, but unfortunately a typhoon is coming in.

例 ドライブに行く予定だったのに、あいにく車が故障してしまった。

I was planning to go on a drive but unfortunately my car broke down.

話し手にとって
マイナス状況

例 A「食事に行かない？」

×B「ごめん、折あしく今日はお弁当持ってきたんだ。」

＊上級表現の使い方 28　Advanced Expressions Usage 28

「あえて」「しいて」

＊複数の行為の中から、ある行為を選んで行うときの表現。

＊ Expresses that an action was chosen from a set of possible actions.

● 2 つのちがい

- ❑ あえて　＋　〔理性的行動〕
  action choice by logic
- ❑ しいて　＋　〔無理にする行動〕
  action choice by force

〈あえて〉　aete, purposely, intentionally

使い方 特にしなくてもいい行為をすると示すとき。理性が感情を抑える表現。

Shows something that doesn't particularly have to be done.
Emphasizes choice based on reason over emotion.

注意 消極的表現。

passive, negative expression

本当は助けたいが、
子どものために
何もしないでおく

例 子どもが泣いていたが、あえてほうっておいた。

The child was crying but I deliberately let him be.

例 スマホが便利なことはわかるが、あえて使わないことにしている。

I know smartphones are convenient, but I definitely won't use one.

例 ×お金なくなった。あえてバイトしよう。

〈バイトは必要な行為なので、×〉

〈しいて〉 shiite, if I must

使い方 意志に逆らって、無理に何かを行うときの表現。

Expresses that contrary to one's will one is forced to do something.

注意 必要を感じているが心理的抵抗がある。
否定形と一緒に使うことが多い。

Shows mental resistance to something that is necessary.
Often used with negative form.

（無理に言うと）

例 海も好きだし、山も好き。しいて言うなら、海かな。

I like the sea, I like the mountains. But if I had to choose, it would be the sea.

例 いやなら、しいて行く必要はありませんよ。

If you don't want to you don't have to go.

＊ 上級表現の使い方 29　Advanced Expressions Usage 29

「ちなみに」「なお」

＊相手に聞かせたい情報をつけ加える表現。

＊Adds information which the speaker wants the listener to hear.

● 2つのちがい

❏ ちなみに　＋　〔前文と関係のある内容〕
has connection with the Prior phrase

❏ なお　＋　〔前文とあまり関係のない内容〕
very little connection with the Prior phrase

〈ちなみに〉　chinamini, by the way

使い方 関連することをつけ加えるときの表現。
Adds related information.

注意 「ついでに言うんですけどね」という軽い感じになり、必ず伝えなければならないことではなく、伝えた方がいい前文に関連することをつけ加える。質問文にも付く。
Has a slight feeling of "incidentally, by the way," not that the related information must be added but that it is best added. Can be added to question sentences, too.

ついでに言うと

例 これは京都のお菓子です。皆さんでどうぞ。ちなみに、これはお菓子コンクールで金賞をとったそうです。
This is a Kyoto dessert. Everyone, please try it.
By the way, this won the Gold medal in the Dessert Championship.

例 日本は水力発電、地熱発電などの自然エネルギーに恵まれています。ちなみに世界の国で自然エネルギーを一番活用しているのはD国です。

Japan is blessed with hydro and geothermal electricity.
By the way, the number one user of renewable energy is D country.

例 ×試験の時間割について説明します。ちなみに国語の試験は月曜日、数学の試験は火曜日です。

〈なお〉 nao, by the way

使い方 前文の話題を終わりにして、前文とは直接関係がない別の間接的なテーマなどをつけ加えるときの表現。

Finishes the Prior phrase, then adds a theme indirectly related to the Prior phrase.

注意 不特定多数の人のための掲示・伝達・説明など、一方的な状況で使われる。会話では使われない。

Used in a one sided way, to exhibit/communicate/explain to a general group of people.
Not used in conversation.

例 明日は、仕事はありません。なお、明後日も振替休日です。

I have no work tomorrow. What is more, the day after tomorrow is a substitute national holiday.

追加して説明する

＊ 上級表現の使い方 30　Advanced Expressions Usage 30

「ならびに」「および」「ないし」

＊前文の内容と後文の内容を並べる表現。

＊Lists items from a Prior phrase and the Subsequent phrase.

● 3 つのちがい

- ❑ A ＋ **ならびに** ＋ B ＝ A も B も
- ❑ A ＋ **および** ＋ B ＝ A も B も
- ❑ A ＋ **ないし** ＋ B ＝ A か B どちらでもいい

〈ならびに〉 narabini, as well

使い方 名詞・代名詞・数詞などを並べあげる言い方。前文の内容が中心でそれに後文が付くときの表現。

Expression to list nouns/pronouns/numerals/etc.
The main element(s) are in the Prior phrase, the Subsequent phrase adds to the list.

注意 かたい表現。会話では使わない。

Formal expression. Not used in conversation.

例 先生<u>ならびに</u>生徒のみなさん。　〈先生と生徒〉

Teachers, as well as students, all of you.　〈teachers and students〉

例 医師<u>ならびに</u>看護師の労働条件の改善はなかなか進まない。
〈医師も看護師も条件がよくならない〉

The working conditions of doctors as well as nurses does not improve.
〈the conditions for neither doctors nor nurses has not got better〉

〈および〉 oyobi, as well, even

使い方 同類や同じ資格の名詞・名詞句などを並べる表現。
2つ以上並べることもできる。

Expression to list nouns/noun phrases/etc., with the same type or qualification.
Can list 2 or more items.

注意 前に目上の人など（法人・組織・国など）がくる場合は、
「および」は使わない。かたい表現。会話では使わない。

When the previous item is superior person (company, organization, country, etc.) then "oyobi" is not used.
Formal expression. Not used in conversation.

鈴木・佐藤・山本

例 鈴木、佐藤、および山本の各選手が日本代表に選ばれた。

The players Mr. Suzuki, Mr. Sato, as well as Mr. Yamamoto were chosen to represent Japan.

〈3人とも選ばれた〉

〈All three were chosen〉

例 当日券および招待券をお持ちのお客様は、右側の列にお並びください。

Customers with on the day tickets or invitation tickets, please line up on the right hand side.

例 ×このプロジェクトは、すばらしいリーダーの山田さんおよび各メンバーの努力で成功した。

〇このプロジェクトは、すばらしいリーダーの山田さんならびに各メンバーの努力で成功した。

The project succeeded because of the hard work of the wonderful leader Mr. Yamada and each member.

例 ×先生および生徒のみなさん、国家を斉唱しましょう。

〇先生ならびに生徒のみなさん、国家を斉唱しましょう。

Everyone, teachers and students, let's sing the National Anthem.

〈ないし〉 naishi, between...and, either... or

使い方 前文、後文のものどちらか１つでよいと認める表現。

For confirming either the Prior or the Subsequent phrase.

注意 かたい表現。会話では使わない。

Formal expression. Not used in conversation.

父・母どちらでもいい

例 父親ないし母親の承認が必要です。

Permission is needed from either the father or mother.

例 三大宗教は、ほぼ同時代に現れた。その背景ないし原因は何だろう。

The three great religions started at about the same time.
I wonder what either the background or cause was of that?

例 そもそも、貨幣というのは人々の合意ないし信頼によって成り立っているものである。

Originally currency was made from either the agreement or trust of the people.

＊上級表現の使い方 31

Advanced Expressions Usage 31

「いわば」「とりもなおさず」

＊別の表現で単純に言いかえるときの表現。

＊Says something simply in a different way.

● 2つのちがい

- いわば ＋〔理解を助けるための例〕
  Example to help understanding
- とりもなおさず ＋〔2つは同じ事柄だと強調する文〕
  Stresses that two things are the same

〈いわば〉 iwaba, so to speak

使い方 前文の内容をわかりやすく例で示す表現。

Shows the Prior phrase in an easy to understand way.

注意 「いわば」よりくだけた表現は「いってみれば／言ってみれば」。

A more informal version of "iwaba" is "itte mireba."

（たとえて言えば）

例 東京は、いわば日本のニューヨークです。

Tokyo is, so to speak, Japan's New York.

例 彼は私にとって、いわば兄弟のような存在です。

For me he is, so to speak, like a brother.

〈とりもなおさず〉 torimonaosazu, namely, to say

使い方 2つの事柄が、同一であることを示す表現。

Expresses that two items are the same.

注意 かたい表現。「すなわち」の強調表現。

Formal expression. Stronger expression for "sunawachi."

すなわち

例 これを認めることは、とりもなおさず自分が犯人だと認めることだ。

Admitting to this is exactly the same as admitting that you were the criminal.

例 日本語を勉強するということは、とりもなおさず日本文化を理解するということだ。

Studying Japanese is exactly the same as understanding Japanese culture.

＊上級表現の使い方 32

Advanced Expressions Usage 32

「それより」「それはそうと」「そもそも」

＊話題を変更するときに使う表現。

＊Used when changing the subject.

● 3 つのちがい

- ❑ **それより** ＋ 〔前文より重要な事柄についてのべる文〕
  introduces a more important topic
- ❑ **それはそうと** ＋ 〔前の話題を終わりにする文〕
  ends the previous topic
- ❑ **そもそも** ＋ 〔話題を始めの点に戻す文〕
  returns to the start

〈それより〉

soreyori, other from that

使い方 対話の相手に対して、その話よりこちらの方が大切だと切り出すときの表現。

When cutting off a topic, when the speaker's topic is more important than the current topic.

例 夫「今日は一日中忙しくて、もうくたくただよ。飯まだ、腹ペコ。」
妻「それより、今朝頼んだ温泉の予約してくれた？」

前の話題を無視する

Husband “Today I was busy all day, I'm exhausted. Still no dinner, I am starving.”
Wife “Well other than that, did you book the onsen trip as I asked this morning?”

〈それはそうと〉 sorewasouto, incidentally

使い方 それまでの話題(わだい)を終(お)わりにする表現(ひょうげん)。
前文(ぜんぶん)より、後文(こうぶん)の方(ほう)に重要度(じゅうようど)があると考(かんが)える表現(ひょうげん)。

Ends the topic of conversation. Expresses that the Subsequent phrase is thought to be more important.

注意 まったくちがう話題(わだい)に移(うつ)る。

Changes to a completely different topic.

例 部下(ぶか)「部長(ぶちょう)、企画書(きかくしょ)です。ご覧(らん)いただけますか？」
部長(ぶちょう)「いいよ。あ、それはそうと、今年(ことし)の忘年会(ぼうねんかい)はどこでするの？」

Staff "Group head, this is the business plan.
Would you look at it please?"
Group head "Of course. Oh, incidentally,
where is this year's end of year party?"

あ、思(おも)い出(だ)したんだけど

〈そもそも〉 somosomo, in the first place, basically, after all

使い方 話題(わだい)を出発点(しゅっぱつてん)に引(ひ)き戻(もど)して、そこから説明(せつめい)を始(はじ)めるときの表現(ひょうげん)。

Returns to the start of the topic and begins explain from there.

注意 できごとの真相(しんそう)や本質(ほんしつ)を説(と)く。かたい表現(ひょうげん)。

Explains the truth, nature, etc., of something that happened. Formal expression.

例 そもそも、人間(にんげん)は何(なん)のために生(い)きているのか。

First of all, for what purpose does man live?

なによりまず

例 電車(でんしゃ)が止(と)まったら家へ帰れないほど遠(とお)い所(ところ)で働(はたら)くのは、そもそもおかしいのではないだろうか。

Well, in the first place, isn't it strange to work in a place so far away that if the trains stop there is no way to get home?

これも覚(おぼ)えましょう！ Let's learn this.

＊「話(はなし)はとぶけど／話(はなし)は飛(と)ぶけど」「話(はなし)はもどるけど／話(はなし)は戻(もど)るけど」
⟶ 話題(わだい)を変更(へんこう)するときに使(つか)うくだけた表現(ひょうげん)。

＊「hanashi wa tobukedo, to jump ahead」「hanashi wa modorukedo, to return to the point」
→ Informal expressions used when changing a subject.

column

「それ」の付く表現

Expressions containing "sore"

前文				後文
A	+	それ○○○○	+	B

＊「それなのに」 ⟶ 〔A それなのに B〕

＊「sorenanoni」→〔Despite A, B〕

意味 Aだと思っていたけれど、Aにならなかった。Bになってしまった。話し言葉。不平・不満・非難をあらわす。

It was thought that A was true but did not happen. B happened.
Spoken form. Shows discontent, dissatisfaction, criticism.

例 あの二人は5年も付き合っていた。それなのに別れるらしい。

Those two have been dating for 5 years. Despite that it seems that they are splitting up.

＊「それどころか」 ⟶ 〔A それどころか B〕

＊「soredokoroka」→〔Rather than A, on the contrary, B〕

意味 Aを否定して、実はBだ。Bは考えられないほど予想外・常識外れのことを示すときに使う。

Negates A, expresses B as true. Used to show that B is unthinkably unanticipated/unexpected.

例 男「あの二人どうした？　婚約してたから、もう結婚したかな。」
女「それどころか、彼の婚約者は外国に逃げちゃったんだって。」

Man "What happened to those two? They were engaged, must already be married."
Woman "On the contrary, his fiancee ran off to a foreign country."

結婚を否定

＊「そればかりか」→〔Ａ そればかりか Ｂ〕

＊「sorebakarika」→〔Not just A, also B〕

意味 Ａであるだけではなく Ｂまで加(くわ)わるのだ。(＝その上(うえ))
Ａにさらに追加(ついか)したいことがあるときに使(つか)う。

Not just A, also B. (same as sono ue)
Used when adding something more to A.

例 息子(むすこ)は東大(とうだい)に合格(ごうかく)、そればかりか奨学金(しょうがくきん)までもらった。
〔Ａ＝東大(とうだい)＋Ｂ＝奨学金(しょうがくきん)〕

My son not only passed for Tokyo University, he also received a scholarship.
〔A=Tokyo University + B=Scholarship〕

＊「それにしては」→〔Ａ それにしては Ｂ〕

＊「sorenishitewa」→〔A, be that as it may, B〕

意味 Ａから予想(よそう)していたことと、Ｂが反対(はんたい)の状況(じょうきょう)になってしまったことをあらわす。

Shows that what would be anticipated from A is in fact opposite in B.

例 彼女(かのじょ)は歌手(かしゅ)です。それにしては、音痴(おんち)です。

She is a singer. Be that as it may, she is tone deaf.

＊「それにしても」→〔Ａ それにしても Ｂ〕

＊「sorenishitemo」→〔Maybe A, but nevertheless, B〕

意味 Ａからある程度(ていど)予想(よそう)していたが、Ｂは予想以上(よそういじょう)だと不信感(ふしんかん)をあらわすときに使(つか)う。

B is somewhat anticipated from A. But the speaker doubts that it really is as good as all that.

例 この店(みせ)が高級店(こうきゅうてん)なのは知(し)ってますが、それにしてもラーメン2000円(えん)は高(たか)すぎますよ。

I know that this restaurant is high class, but even so, 2000 yen is too much for ramen.

ちょっとテスト２

次の文を読んで、１～５に入るものを下のａ～ｅから選び、［　　　］の中に書きなさい。

　職場のハラスメントには「パワハラ」「セクハラ」「マタハラ」［ 1.　　　　　　］、男性の育児休業の問題「パタハラ」があげられます。

　上司からの「パワハラ」を経験したある男性の話では、一日中無視され、何も仕事がなくなり、物を投げつけられたこともあったようです。

　「マタハラ」「パタハラ」に関する相談も増えています。「育児休業後、職場に戻ると、約束していた元の仕事に戻れなくなった。［ 2.　　　　　　］退職を勧められた」というような相談が多くなっています。政府は、日本企業の育児休業への対策は進んでいると発表しました。［ 3.　　　　　　］安心して育児休業を取れる社員が少ないのではないでしょうか。

　「セクハラ」について言えば、働く女性の実に３割がセクハラを経験しているそうです。［ 4.　　　　　　］半数以上の女性は黙って我慢を続けているのです。職場に相談する人も、その窓口もないからです。［ 5.　　　　　　］、なぜ日本企業では、このようなハラスメントの問題がそのままにされているのでしょうか。少子高齢化による労働力不足を解決するためにも、働く若い人たちのより良い生活のためにも法律による問題解決が望まれます。

a.　それにしては

b.　それにしても

c.　それなのに

d.　そればかりか

e.　それに

＊上級表現の使い方 33 Advanced Expressions Usage 33

「必ずしも～ない」「まんざら～ない」「あながち～ない」

＊あいまいな表現。

＊Vague expressions.

● 3 つのちがい

- ❑ 必ずしも ～ ない ＋ 〔マイナス・プラス評価の否定〕
  denial by positive/negative evaluation
- ❑ まんざら ～ ない ＋ 〔マイナス評価の否定〕
  denial by negative evaluation
- ❑ あながち ～ ない ＋ 〔マイナス評価の否定〕
  denial by negative evaluation

〈必ずしも～ない〉 kanarazushimo ～ nai, not necessarily, not altogether

使い方 例外もあるという表現。

Shows an exception.

注意 部分否定。客観的判断。

Negates a part. Objective decision.

例 教師だからと言って、必ずしも正解が出せるとは限らない。

Just because he is a professor does not mean he will only be correct.

例 科学の進歩は必ずしも人間を幸せにしない。

The progress of science does not necessarily make mankind happier.

多少、疑問があること

〈まんざら〜ない〉 manzara ～ nai, not necessarily, not altogether

使い方 完全に否定しない、あいまいさを残した表現。

Does not completely negate but leaves vagueness.

注意 後文で、マイナス評価される事柄を否定する。
マイナス評価することに疑問を感じている表現。

The Subsequent phrase denies the negative evaluation. Leaves a doubt about the negative evaluation.

例 ひとり暮らしも、まんざら悪くはない。

Living alone is not altogether bad.

いいかもしれない

〈あながち〜ない〉 anagachi ～ nai, not necessarily, not altogether

使い方 断定を避けたい気持ちを言うときの表現。

Shows a feeling of avoiding a conclusion.

注意 自分の気持ちに理性のブレーキをかける。相手や自分の気持ちを冷静に考える理性的な表現。後文でマイナス評価される事柄を否定する。

Slows down emotions. Logical expression calming down the feelings of the speaker or listener.
The Subsequent phrase denies with a negative evaluation.

例 富士山が噴火するという話は、あながちただの噂とは言いきれない。
〈確証がないので、ただの噂だと言いきらないほうがいい〉

断定しない

I am not so sure that the story that Mount Fuji will erupt is not altogether a rumor.
〈Not definite, so best to be not sure that it is just a rumor〉

例 この事故は、あながち車の責任とばかりは言えない。交通規則を守らない自転車にも責任はある。

We cannot say this was altogether the fault of the car.
There is also responsibility in the bicycle not following the traffic rules.

練習問題

1．正しい文に○を、間違っている文に×を［　　］に書きなさい。

［×］【例】北海道のラーメンはおいしくて有名だ。中でもこの店のラーメンはとりわけ普通だ。

［　　］【１】昭和のバブル景気を楽しんでいた当時の人々は、やがて、この好景気が終わり、不景気が押し寄せてくるとは、誰も思わなかった。

［　　］【２】A「鈴木さん、どうしちゃったんですか？」
B「重要な課題について取引先と協議していて、とたんに倒れて救急車で運ばれたんだって。」

［　　］【３】社員A「セールスの知識がないのに、いきなりセールスしろと言われてもなぁ。」
社員B「不景気なので社長もあせっているんだ。」

［　　］【４】A「常に新しいことに挑戦することにしているんだ。」
B「そのくせ、いつも独創的な企画を出してくるんだね。」

［　　］【５】世界には、貧困ゆえに幼い子が命を落としてしまう地域がある。

［　　］【６】A「先進国では経済が発展していますが、あいにく失業率が高いですね。」
B「特に若者の失業率が高いそうですよ。」

［　　］【７】A「周りの人に反対されるのを覚悟の上で、あえて言わせてもらうつもりだよ。」
B「やめておけばいいのに……。」

［　　］【８】妻「おめでとう。昇進ね。『出世なんて気にしない』って言っていたけど、偉くなるのもまんざら悪くないでしょう。」
夫「まあな。」

[　　]【９】 上司「サンパウロの支社で働く気ある？　ま、無理なら、しいてすすめないけど。」
部下「海外勤務は夢です。お願いします。」

[　　]【10】 来月、打ち上げパーティーを行います。そこで、詳細は追ってご連絡いたします。

[　　]【11】 A「この辺りに巨大なマンションが建設されるそうですよ。ちなみに、お花見はどこに行きましょうか？」
B「花小金井公園に行きましょう。」

[　　]【12】 世界は、国際金融市場、いわば「金融のカジノ」に振り回されているという説もあるそうです。

[　　]【13】 上映中に無断で録画ならびに、録音することは禁止されています。

[　　]【14】 学生「先生、大学合格しました。嬉しいです。」
先生「おめでとう。よかったですね。それより、何学部ですか？」

[　　]【15】 最近では、日本中に同じような街並みが広がっている。駅の周辺、コンビニ、そもそも街全体の雰囲気までもが、みんなそっくりだ。

[　　]【16】 この手続きを申請するためには、身分証明として住民票ないし免許証などの２つの書類が必要です。

[　　]【17】 〈電話〉
A「松岡部長はいらっしゃいますか？」
B「申し訳ございません。おりあしく松岡は席を外しております。」

[　　]【18】 働きすぎによる労災が増えたため、とりもなおさず政府が働き方改革を推進しだした。

[　　]【19】 A「あんなに小さな体で、あんな重そうなバーベルがあげられるのかなぁ。」
B「体が小さいからといって、あながち力がないとは言えないよ。」

[　　]【20】 練習もしないで、あっという間にマラソン大会に参加したって勝てないよ。

2. ｛　　｝の中から正しいものを選び、○をつけなさい。

【例】ぼくと彼女は｛a. あえて　b. いわば　c. しいて｝家族だ。

【１】A「なかなか新しい部員が入らないなあ。去年も入らなかったし。」
B「来週オリエンテーションがあるから、｛a. そのうち　b. ついに　c. とうとう｝入るよ。」

【２】A「ルミー社は経営統合を求めていたけど、ニチ社は独立性を主張したんだね。」
B「それで、｛a. やっと　b. ようやく　c. とうとう｝分裂してしまったわけだ。」

【３】A「田中先生は歴史のことをよく知っているから、先生に聞けばわかるはずだよ。」
B「歴史の先生だからと言って、｛a. 必ずしも　b. まんざら　c. あながち｝何でも知っているというわけではないよ。」

【４】A「町田さんは失業中だって聞いたけど、｛a. そのくせ　b. そのわりに　c. それより｝生活が派手だよね。」
B「もともと資産家なんじゃない。」

【５】電力会社「原子力発電は地域振興に必ず役立つと信じています。」
地域住民「御社は地域振興って、｛a. そもそも　b. それはそうと　c. なお｝なんだと考えているんですか？」

【６】A「カリフォルニアは、｛a. とりもなおさず　b. それより　c. いわば｝人種のるつぼですよね。」
B「さまざまな人種や文化が混ざっていますからね。」

【７】校長「卒業生の皆さん、｛a. または　b. ないし　c. ならびに｝保護者の皆さま、本日はご卒業まことにおめでとうございます。」

【８】A「山川さんが提案した企画は独創的で面白いと思う。」
B「はい、確かに。｛a. ただ　b. なお　c. 一応｝リスクもかなりあるんじゃないかな。」

【9】小川「私、田中さんの送別会の幹事なんだけど、田中さんはどんな料理がいい？ 和食、洋食、中華？」
田中「どれも好きですが {a. しいて　b. それより　c. そもそも} 言うなら、洋食です。」

【10】本件は、過半数以上の賛成を得ることができました。{a. したがって　b. なぜなら　c. だから} 本案は可決する運びとなりました。

【11】新聞記者「今回のいじめの問題に対して学校側から何らかの説明があってもいいのではないですか？」
校長「その件につきましては現在調査している段階です。{a. ついに　b. やがて　c. いずれ} 詳しい説明をさせていただきます。」

【12】A「あの人ったら、お店で出てくる料理を批評してばかりね。」
B「ほんとだよね。{a. したがって　b. そのくせ　c. ゆえに} 自分では何も作れない。一緒に食べていても楽しくないよね。」

【13】母「お父さんは、一流企業の役員もやっていたのよ。」
息子「へぇ～、知らなかったよ。親父はただののんびり屋だと思ってたけど、{a. まんざら　b. あえて　c. ちなみに} そうでもなかったんだ。」

【14】学生「あ、先生、課題の提出日の曜日が違ってます。」
先生「あ、そうだね。火曜日に直してください。{a. なお　b. それはそうと　c. そもそも} ゼミ合宿の宿泊先、予約できましたか？」

【15】A「大学つまらないから、辞めたい。{a. そもそも　b. それより　c. それはそうと} 私が行きたかった大学じゃないもの。お母さんに行けって言われて受験したんだし。」
B「何言ってるの。せっかく入った大学じゃない。」

3. 次の文を読んで、{　　} の中のa～dを正しい順に並べなさい。

【例】最近、生活の質の低下が話題となっている。{ a. 雇用状況は　　b. 増加　　c. とりわけ　　d. 非正規社員が } したことで不安定さを増している。

【答え】→ { *c　a　d　b* }

(正解文：最近、生活の質の低下が話題となっている。{ とりわけ　雇用状況は、非正規社員が　増加 } したことで不安定さを増している。)

【１】A「昨日の野球の試合はどうでしたか？」

B「それが、{ a. 雨の　　b. とつぜん　　c. ために　　d. 降ってきた }

中止になってしまったんです。」

→ {　　　　　　　　　　　　}

【２】A「有名な大学を卒業した人が、必ずしも { a. 有能な　　b. における

c. 人材　　d. 職場 } とは限りませんよ。」

B「頭がかたい人もいますからね。」

→ {　　　　　　　　　　　　}

【３】A「どうしたの？」

B「メールに { a. とたん　　b. クリックした　　c. 添付された

d. リンクを } パソコンの画面が真っ黒になっちゃった。」

→ {　　　　　　　　　　　　}

【４】A「最近、食品の値段が高くなったよね。」

B「{ a. ということは　b. 上がる　　c. とりもなおさず　　d. 物価が }

生活が苦しくなるってことだよね。」

→ {　　　　　　　　　　　　}

【５】A「昨日５時間も勉強したんだよ。」

B「{ a. いい成績　　b. あまり　　c. とは言えない　　d. そのわりに } ね。」

→ {　　　　　　　　　　　　}

【６】〈電話〉

A「新しく御社の担当となりました田中と申します。
来週ご挨拶に伺いたいのですが、ご予定はいかがでしょうか？」

B「あいにく｛a. です　b. 出張して　c. アメリカに　d. 不在｝。」

→｛　　　　　　　　　　　　　　｝

【７】部下「私にはXプロジェクトよりYプロジェクトを担当させてくださいませんか？」

上司「簡単な仕事より、あえて｛a. 難しい　b. 選ぶ　c. の　d. 仕事を｝ですね。向上心がありますね。さすがです。」

→｛　　　　　　　　　　　　　　｝

【８】A「僕のコンピューター、ウイルスに感染してたけど、ウイルス対策ソフトのおかげで除去できた。」

B「よかったね。｛a. ちなみに　b. 除去　c. ウイルス対策ソフトで　d. どんな｝できたの？」

→｛　　　　　　　　　　　　　　｝

【９】このプロジェクトの定例ミーティングは隔週水曜日の13：00からです。
｛a. 定例会議は　b. 次回の　c. 4月12日　d. したがって｝
となります。

→｛　　　　　　　　　　　　　　｝

【10】A「昨日の卒業式、校長先生の話はとても長かったよね。」

B「｛a. 思ったら　b. 次に　c. 終わったと　d. やっと｝
長い来賓の話があって疲れちゃったね。」

→｛　　　　　　　　　　　　　　｝

4.　次のａ～ｄの中から下線に入らないものを選び、○をつけなさい。

【例】Ａ「AIを取り入れる企業が増えた。」

Ｂ「＿＿＿＿＿＿＿＿＿＿＿＿＿＿＿＿＿＿＿＿」

(a.) やっと、失業者が増える時代がくるだろう。

b.　まもなく、失業者が増える時代がくるだろう。

c.　そのうち、失業者が増える時代がくるだろう。

d.　やがて、失業者が増える時代がくるだろう。

【１】Ａ「新人に任せたせいで取引先を怒らせてしまった。」

Ｂ「＿＿＿＿＿＿＿＿＿＿＿＿＿＿＿＿＿＿＿＿」

a.　とにかく自分でやるべきだったね。

b.　そもそも新人に任せたからいけないんだよ。

c.　それはそうと新人に任せたからいけないんだよ。

d.　ようするに自分でやるべきだったということだね。

【２】Ａ「論文の提出、来週だったよね。進み具合はどう？」

Ｂ「＿＿＿＿＿＿＿＿＿＿＿＿＿＿＿＿＿＿＿＿」

a.　やっと最後の章だよ。

b.　ついに最後の章だよ。

c.　ようやく最後の章だよ。

d.　いずれ最後の章だよ。

【３】Ａ「急ブレーキかけるなんて危ないよ。どうしたの？」

Ｂ「＿＿＿＿＿＿＿＿＿＿＿＿＿＿＿＿＿＿＿＿」

a.　いきなり子どもが飛び出してきたんだよ。

b.　とつぜん子どもが飛び出してきたんだよ。

c.　ふいに子どもが飛び出してきたんだよ。

d.　すぐ子どもが飛び出してきたんだよ。

【４】Ａ「天気予報によると今年の冬は暖冬らしいね。」

Ｂ「＿＿＿＿＿＿＿＿＿＿＿＿＿＿＿＿＿＿＿＿」

a. それはそうと飛行機のチケット予約してくれた？

b. それより飛行機のチケット予約してくれた？

c. そもそも飛行機のチケット予約してくれた？

d. ところで飛行機のチケット予約してくれた？

【５】この計画は、コストがかかりすぎますね。＿＿＿＿＿＿＿＿＿＿＿＿

a. したがって、あきらめざるをえません。

b. そのため、あきらめざるをえません。

c. 故に、あきらめるしかないよね。

d. ですから、あきらめることになりました。

【６】マラソン大会のお申し込みの際は、期日までに入金をお願いいたします。

＿＿＿＿＿＿＿＿＿＿＿＿＿＿＿＿＿＿＿＿

a. また、キャンセルの場合は、納入された申込金はお返しいたしかねます。

b. キャンセルの場合、申込金はお返しできません。

c. なお、キャンセルの場合、納入された申込金はお返しいたしかねます。

d. 折あしくキャンセルの場合、申込金はお返しできません。

【７】Ａ「エレベーターが来ましたよ。乗らないんですか？　5階だから階段だと疲れますよ。」

Ｂ「＿＿＿＿＿＿＿＿＿＿＿＿＿＿＿＿＿＿＿＿」

a. 健康のためにとりあえず階段を使うんです。

b. エレベーターよりむしろ階段の方がリラックスできるんですよ。

c. 健康のためにあえて乗らないことにしているんです。

d. かえって階段の方が速いんです。

【８】A「次回の展示会はどちらになりますか？」

B「＿＿＿＿＿＿＿＿＿＿＿＿＿＿＿＿＿＿　今年は１か所のみで開催いたします。」

a. 次回の展示会は、京都あるいは神戸の会場となります。

b. 次回の展示会は、京都および神戸の会場となります。

c. 次回の展示会は、京都または神戸の会場となります。

d. 次回の展示会は、京都ないし神戸の会場となります。

【９】駐車場の契約は２年ごとの自動延長です。＿＿＿＿＿＿＿＿＿＿＿＿

a. したがって契約を解除する場合は１か月前に連絡すること。

b. だから契約を解除する場合は１か月前に連絡すること。

c. ゆえに契約を解除する場合は１か月前に連絡すること。

d. そのため契約を解除する場合は１か月前に連絡すること。

【10】この薬は解熱剤として効果があります。＿＿＿＿＿＿＿＿＿＿＿＿

a. ちなみに鎮痛剤としても効果があります。

b. または鎮痛剤としても効果があります。

c. 反面、鎮痛剤としても効果があります。

d. それに鎮痛剤としても効果があります。

5. 次の文を読んで、(1) ～ (3) に入るものを a ～ d の中からそれぞれ選びなさい。

【１】 最近、高齢者の車の運転事故が急増している。ブレーキとアクセルを間違えて、車が（　1　）発進する操作ミスによる事故が目立つ。近い将来、自動運転の車が普及することでこのような事故がなくなることが期待される。

高齢者に免許を返納させることによって事故をなくすことも一つの手段として（　2　）効果がないとはいえない。（　3　）免許を返納した後の、車に代わる交通手段を増やすシステムを社会全体で考えていかなければならない。

(1) a. やがて　b. そのうち　c. とつぜん　d. とうとう

(2) a. あいにく　b. あながち　c. おりあしく　d. そのくせ

(3) a. および　b. ただし　c. まんざら　d. しいて

【２】 糖尿病は過食、運動不足、ストレス、肥満など（　1　）日々のライフスタイルが要因となる現代病であると言われることが多い。初めは自覚症状がない場合が多く、放っておくと（　2　）合併症をもたらす恐ろしい病気である。現代人の生活と深くかかわっているこの病気の予防のためには（　3　）生活そのものを見直さないとならないらしい。ちなみに、日本人の糖尿病人口は近年増加しているそうだ。

(1) a. いわば　b. ならびに　c. あえて　d. あいにく

(2) a. やっと　b. いよいよ　c. いずれ　d. ようやく

(3) a. それはそうと　b. そもそも　c. あながち　d. それより

【3】 現代においては、国家間の戦争は起こりにくくなっている。世界の国々の経済的な関係が強くなっていることもあるし、（　1　）戦争にかかる費用が膨大となり、戦争が割に合わなくなっているのだろう。今、世界はなんとか平和を保っている状態に見える。

そして、これを支えているのは、なんと「核の抑止力」だ。恐ろしいことに核兵器という（　2　）「最悪で最強の暴力」が世界の平和を維持しているのだ。（　3　）今世界中の核兵器が一斉に使用されれば、人類の半数は死滅するという調査結果もあるそうだ。

(1) a. ゆえに　b. いずれ　c. おりあしく　d. そもそも

(2) a. かえって　b. あえて　c. いわば　d. それより

(3) a. そのくせ　b. ちなみに　c. したがって　d. ゆえに

【4】 ある調査によると、年間の宅配数はネット通販の拡大によって急激に増加しているという。しかし、（　1　）宅配ドライバーの数は不足している。（　2　）インターネットというデジタルの高速な世界での注文と、アナログな世界での配達という行動の間には（　3　）「時間のギャップ」が存在するのではないだろうか。

(1) a. そのくせ　b. そのわりに　c. ただし　d. ちなみに

(2) a. おりあしく　b. それはそうと　c. そもそも　d. だしぬけに

(3) a. いわば　b. それはそうと　c. そのわりに　d. ゆえに

【5】 IT企業によってスマートフォンが発売されると（　1　）世界中にそれが広がった。電話、カメラ、インターネット、（　2　）パソコンの機能が1つになっているスマホ、（　3　）スマートフォンは、邪魔になるキーボードを画面に組み込んでいる。驚異的な技術革新であると言える。

(1) a. たちまち　b. いずれ　c. ふいに　d. もうすぐ

(2) a. ないし　b. あるいは　c. それとも　d. および

(3) a. ならびに　b. いわば　c. ちなみに　d. すなわち

【６】昔は、写真は旅行や記念などの大切な日だけに撮るものであった。庶民がカメラを持ち歩くほどの余裕はなかったのだ。（　1　）デジタルカメラがあらわれ、「シャッターチャンスを逃すな。カメラを持ち歩こう」と宣伝され、人々は小型化したカメラを楽しむようになった。それは（　2　）日本が豊かになったことを意味していた。やがてスマートフォンが行きわたる時代になり、（　3　）日本は一億総カメラマン時代に突入したのだ。

(1) a. やがて　b. いずれ　c. とつぜん　d. もうすぐ

(2) a. ないし　b. それより　c. ならびに　d. とりもなおさず

(3) a. したがって　b. ついに　c. しいて　d. あえて

【７】A「林君はキャリアアップのために（　1　）転職をしようと考えているんだって。それも専門分野ではなく（　2　）違う分野で仕事したいって。でも、そのわりに勉強はしていないんだよ。だから、本気かどうかわからないよ。」

B「転職するって言っているけど、（　3　）今の仕事に満足していないわけではないんじゃない？」

(1) a. やっと　b. おりあしく　c. まもなく　d. いずれ

(2) a. しいて　b. あえて　c. したがって　d. なお

(3) a. ちなみに　b. とりもなおさず　c. まんざら　d. いわば

付録・総合復習　長文読解力をつけましょう!!

STEP 1

(1)　昔々、おばあさんが川で洗濯をしていました。すると大きな桃がどんぶらこ、どんぶらこと流れてきました。そこで、おばあさんはそのおいしそうな桃を「よいしょ」とひろいました。「もうすぐおじいさんが帰ってくるから、家へ帰ってごはんにしよう。そしてこの桃をおじいさんと食べよう」。桃を見たおじいさんは大喜びで「すぐ、食べよう」と言いました。それで、ふたりは桃を切ろうとしました。すると、桃の中から、いきなり元気な男の赤ちゃんが飛びだしてきたのです。おじいさんとおばあさんはその男の子に「桃太郎」と名をつけて、いつまでも大切に育てました。

（日本昔話『桃太郎』）

(2)　ある火山の研究者が噴火予知に失敗した。ふもとの村々は大きな被害を受けた。研究者は非難の的になり、もうその村にはいられないだろうと誰もが思った。

ところが、村人の彼に対する信頼はなくならなかった。なぜなら「私たちがわいわいとお酒を飲んでいるときも、のんびり温泉旅行に行っているときも、あの人は一日も休まず、火山の様子を見に行ってくれた」とみんなが感じていたからだ。つまり、人々が専門家として信頼する人の条件は「知識がある人」でも「安全を保障してくれる人」でもなく、専門家としての知識を「人のために使おうと努力をする人」であることがわかる。

STEP 2

(3)　世界の人々は一般的に、いつまでも、変わらず続く堅固なものに価値を見出す。一方、日本人は昔から、滅んでいく失われていくものの中に美しさを見出している。

日本人にとって、「滅びていくこと」「なくなっていくこと」は、美しさになくてはならない要素なのである。古くなったものを「時代がついている」といって大切にする。その古さあるいはこわれやすさを美しいと感じるのである。

故に日本人は、花の中でもあっという間に散ってしまう桜をとりわけ美しいと感じる。桜は、はかなく散っていく花であるからこそ、人々を感動させる。

「物のあはれ」つまり「滅んでいくから、美しい」と考える日本人の思想は世界中を探しても、めったに見つからないめずらしいものだと言われている。

(4)　現代社会のシステムは、アルゴリズムつまり「計算」と「方法」によって作られつつある。

今までの自然発生的社会では、「ひとりでにできた」あるいは「なんとなくできてしまった」ということがたくさん存在している。例えば古代、村は自然発生的に作られた。個人の名前もそうだ。名前は親によって、愛をもってつけられる。誰も子どもの名前をパソコンで計算してつけたりはしない。

それに対して、アルゴリズム社会では、親の愛のこもった名前のかわりに、人は計算した個人番号すなわちマイナンバーをつけられる。

人間社会には合理主義では、割り切れないものがあるが、アルゴリズム社会では計算通りの物しか、合理的とはみなされない。そのため、「やがて人間はコンピューターに支配されるのではないか」と恐れる人が増えるかもしれない。

STEP 3

(5)　資本主義というのは、そもそも一体何だろうかと考えてみよう。普通、「資本主義の反対は何か」と聞かれたら、たいていの人は「共産主義」と答えるのではないだろうか。しかし、「共産主義」(ないし社会主義)の反対は「資本主義」ではない。「共産主義」の反対は「自由主義」である。(ちなみに学問的用語では「社会主義」に対立するものは自由主義、または保守主義である。)

(6)　生産性が最高に上がった社会では、少人数の労働で生産力が上げられる。ゆえに多数の人が失業して、生活に困ることになるといわれている。しかも富は仕事のある一部に集中するので、社会には格差が広がっていく。失業はやがて貧困につながる。そんな社会では、少ない仕事のチャンスを争い競争が激しくなる。仕事のある者もそれを失うことを恐れて、厳しい労働条件で働く。したがって、体を壊したり、ストレスに悩む人が増えていくだろう。かつては貧困は物資の不足から生じると考えられていたが、発達した資本主義社会では貧困はむしろ物資の過剰によって引き起こされるということになるのかもしれない。

これは、まんざら大げさな話ではなさそうである。

著者紹介

松本 節子　Setsuko MATSUMOTO

Japanese Language & Culture Institute 代表

長友 恵美子　Emiko NAGATOMO

Lecturer of the Lauder Institute (Wharton, Arts & Sciences)
at University of Pennsylvania

浜畑 祐子　Yuko HAMAHATA

早稲田大学日本語教育研究センター 非常勤講師

佐久間 良子　Yoshiko SAKUMA

Japanese Language & Culture Institute 言語文化部 レクチャラー

難波 房枝　Fusae NAMBA

テンプル大学ジャパンキャンパス Undergraduate Program 非常勤講師

松倉 有紀　Aki MATSUKURA

青山国際教育学院 非常勤講師
テンプル大学ジャパンキャンパス 生涯教育プログラム 非常勤講師

英文翻訳：クレイグ・ディブル　Craig Dibble

イラスト：花色木綿　Hanairomomen

初級から超級まで　STEP式 にほんご練習帳　接続表現

2020年　2月28日 初版発行
2022年　11月　1日 第2版発行

［著　者］　代表　松本節子　2020©
［発行者］　片岡 研
［印刷所］　シナノ書籍印刷株式会社
［発行所］　株式会社ユニコム
Tel.03-5496-7650　Fax.03-5496-9680
〒153-0064 東京都目黒区下目黒 1-2-22-702
http://www.unicom-lra.co.jp

ISBN978-4-89689-508-7

初級から超級まで

STEP式

にほんご練習帳

接続表現

Connective Expressions

Step by Step Japanese Exercise Book
(from beginners to advanced learners)

正解と解答例

強く引っぱるとはずせます

UNICOM

STEP1 スタートアップ

練習問題 1 ＜ p.40 ＞

【1】○

【2】○

【3】× 解答例：~~それでは~~ → そうしたら
もっと　べんきょうしなさい。
そうしたら　ごうかくできるよ。

【4】○

【5】○

【6】× 解答例：~~それに~~ → ところが
やくそくの　時間に　間にあうように
あさはやく　家を　出た。ところが
じこに　あい、おくれてしまった。

【7】× 解答例：~~もうすぐ~~ →きゅうに
よなかに　きゅうに　いが
いたくなり　うごけなくなったので、
きゅうきゅう車を　よんだ。

【8】○

【9】○

【10】× 解答例：~~それじゃ~~ → でも
しけん　しっぱいしちゃった。でも
あきらめないで、来年　また
ちょうせんするつもりだ。

【11】× 解答例：~~そこで~~ → それで
A「かれと　けんかしちゃった。」
B「それで　元気ないんだね。」

【12】× 解答例：~~それに~~ → それから
わたしは　まいあさ　いぬの
さんぽをして、それから　しごとに
出かけます。

【13】○

【14】× 解答例：~~つまり~~ → だって
母「どうして　へやを
　かたづけないの？」
むすこ「だって　時間
　ないんだもん。」

【15】○

【16】× 解答例：~~それから~~ → それなら
そんなに　きつい　しごとなの？
それなら　別の　しごと
さがしたらいいのに。

【17】○

【18】× 解答例：~~だって~~ → それが
A「やまだくん、しょう社に
　つとめてるんだよね。」
B「それが　やめちゃったらしいよ。」

【19】○

【20】○

練習問題 2 ＜ p.41 ＞

【1】b．すぐ

【2】a．ところが

【3】b．それから

【4】c．すると

【5】c．そしたら

【6】b．だいたい

【7】a．それが

【8】a．それでは

【9】b．しかし

【10】c．すなわち

【11】a．あと

【12】c．そしたら

【13】b．きゅうに

【14】a．でも

【15】b．そのうえ

練習問題 3 < p.42 >

【1】b.　a.　d.　c.
正解文：{ それが　しごとの　つごうで だめに } なっちゃったんだ。

【2】c.　a.　d.　b.
正解文：{ 上野の　びじゅつかんに　行ったけど } こんでたので　入らなかった。

【3】b.　d.　c.　a.
正解文：{ すると　三かくの　やねが 見えた }。

【4】c.　b.　a.　d.
正解文：{ なぜなら　ちょうさを　はじめた ばかり } ですから。

【5】d.　b.　a.　c.
正解文：{ それなら　わかい　人に　立って もらい } ましょうか。

【6】a.　c.　d.　b.
正解文：{ ところが　やまださんが　やって くれた } ので　たすかっちゃった。

【7】c.　d.　a.　b.
正解文：{ その上　かぜも　つよく　なって きた }。

【8】c.　b.　d.　a.
正解文：{ だって　わたしの　たんじょう日を わすれてる } でしょ。

【9】a.　d.　b.　c.
正解文：{ けしきも　きれいだった　けど 食べものも } おいしかった。

【10】b.　c.　d.　a.
正解文：{ しかし　わかもの　が　多い } まちだね。

練習問題 4 < p.44 >

【1】	c	【2】	a
【3】	b	【4】	d
【5】	b	【6】	c
【7】	d	【8】	a
【9】	b	【10】	d

練習問題 5 < p.47 >

【1】（1）c．その上
　　（2）b．そこで
　　（3）d．そして
【2】（1）d．それなら
　　（2）b．でも
　　（3）c．ところが
【3】（1）a．しかし
　　（2）c．なぜなら
　　（3）b．それで
【4】（1）d．それが
　　（2）b．で
　　（3）a．でも
【5】（1）d．そこで
　　（2）a．そして
　　（3）c．つまり

STEP2 ステップアップ

ちょっとテスト 1 < p.72 >

【1】c. しかし

【2】a. むしろ

【3】b. そのため

練習問題 1 < p.73 >

【1】○

【2】○

【3】○

【4】× 解答例：~~とりわけ~~
→ または／あるいは
夜は冷えるので、セーターまたはカーディガンを持って行ったほうがいいですよ。

【5】× 解答例：~~反面~~
→ 一方／それに対して
私の国では車は右側通行だ。一方、日本は左側通行なので、日本に来たばかりのころはこわかった。

【6】○

【7】× 解答例：~~一応~~ →おまけに
上海に旅行したとき、李さんがいろいろ案内してくれた。おまけに夕飯もごちそうしてくれた。
うれしかった。

【8】○

【9】× 解答例：~~それに対して~~
→ しかし／ところが
もう 2 週間もダイエットを続けている。しかし、ぜんぜんやせない。

【10】○

【11】○

【12】× 解答例：~~そのため~~ →だから
明日は朝 5 時に出発しなければならない。だから今日は早く寝よう。

【13】○

【14】× 解答例：~~むしろ~~ →または
この書類は黒または青い色のペンで記入してください。

【15】× 解答例：~~ただ~~ →それに／また／しかも／おまけに
このあたりは静かで住みやすい。
それに、親切な人も多い。

【16】○

【17】○

【18】○

【19】× 解答例：~~あっという間に~~ →すぐに
何かトラブルが発生したら、すぐに連絡してください。

【20】× 解答例：~~かえって~~ →たちまち
薬を飲んだら、たちまち気分がよくなった。

練習問題 2 < p.74 >

【1】a．とりあえず

【2】c．もっとも

【3】a．むしろ

【4】b．ただし

【5】b．とにかく

【6】c．たちまち

【7】c．または

【8】b．かえって

【9】a．それに対して

【10】b．しかも

【11】a．そのため

【12】c．でなけりゃ

【13】b．なにしろ

【14】a．一応

【15】c．だから

練習問題 3 < p.76 >

【1】d. b. a. c.

正解文：この書類、私も一応｛目 を 通したけれど｝、坂本さんにも見てもらってください。

【2】d. b. c. a.

正解文：チクッと感じたと思ったら、｛たちまち こんなに なって しまって｝。

【3】c. d. a. b.

正解文：｛ただ、 ごはん前 だから あまり｝食べすぎないようにね。

【4】a. d. c. b.

正解文：当店は｛キャッシュレス なので、クレジットカード または｝電子マネーでお支払いください。

【5】c. a. d. b.

正解文：早く来ようと思ってタクシーに｛乗ったら、 かえって 遅く なっちゃって｝。

【6】a. d. b. c.

正解文：｛おまけに 自分の 失敗を 人の｝せいにするしね。

【7】c. a. b. d.

正解文:この｛帽子か、 それとも あっちか、どっち｝のがいい？

【8】b. c. d. a.

正解文：しっかりしていて｛頼りがい がある 反面｝、意外におっちょこちょいで面白い人だよ。

【9】a. d. c. b.

正解文：｛とりあえず そのままに しておいて｝。

【10】b. a. d. c.

正解文：｛さて どうやって 食べればいいんだろう｝。

練習問題 4 < p.78 >

【1】 b	【2】 a
【3】 d	【4】 d
【5】 b	【6】 c
【7】 c	【8】 a
【9】 d	【10】 a

練習問題 5 < p.81 >

【1】（1） c．ですから
（2） a．とにかく
（3） d．ただし

【2】（1） b．反面
（2） d．一方
（3） a．それとも

【3】（1） d．とりわけ
（2） b．あっという間に
（3） c．しかも

【4】（1） c．ところで
（2） a．なにしろ
（3） b．もっとも

【5】（1） a．しかも
（2） d．むしろ
（3） a．あるいは

STEP3 ブラッシュアップ

ちょっとテスト 2 < p.111 >

【1】e．それに
【2】d．そればかりか
【3】a．それにしては
【4】c．それなのに
【5】b．それにしても

練習問題 1 < p.114 >

【1】○
【2】× 解答例：~~とたんに~~ → きゅうに
重要な課題について取引先と協議していて、きゅうに倒れて救急車で運ばれたんだって。
【3】○
【4】× 解答例：~~そのくせ~~
→ だから／それで
だから、いつも独創的な企画を出してくるんだね。
【5】○
【6】× 解答例：~~あいにく~~ → そのわりに
先進国では経済が発展していますが、そのわりに失業率が高いですね。
【7】○
【8】○
【9】○
【10】× 解答例：~~そこで~~ →なお
来月、打ち上げパーティーを行います。なお、詳細は追ってご連絡いたします。
【11】× 解答例：~~ちなみに~~ →それはそうと
それはそうと、お花見はどこに行きましょうか？
【12】○
【13】○
【14】× 解答例：~~それより~~ → ちなみに
よかったですね。ちなみに、何学部ですか？
【15】× 解答例：~~そもそも~~ → さらに
駅の周辺、コンビニ、さらに街全体の雰囲気までもが、みんなそっくりだ。
【16】× 解答例：~~ないし~~ → および
この手続きを申請するためには、身分証明として住民票および免許証などの２つの書類が必要です。
【17】× 解答例：~~おりあしく~~ → あいにく
あいにく松岡は席を外しております。
【18】× 解答例：~~とりもなおさず~~
→ ようやく／とうとう／やっと／ついに
働きすぎによる労災が増えたため、ようやく政府が働き方改革を推進しだした。
【19】○
【20】× 解答例：~~あっという間に~~ → いきなり
練習もしないで、いきなりマラソン大会に参加したって勝てないよ。

練習問題 2 < p.116 >

【1】a．そのうち
【2】c．とうとう
【3】a．必ずしも
【4】b．そのわりに
【5】a．そもそも
【6】c．いわば
【7】c．ならびに
【8】a．ただ
【9】a．しいて
【10】a．したがって

【11】c．いずれ

【12】b．そのくせ

【13】a．まんざら

【14】b．それはそうと

【15】a．そもそも

練習問題 3 < p.118 >

【1】b.　d.　a.　c.

正解文：それが、{ とつぜん　降ってきた
雨の　ために } 中止になってしまったんです。

【2】d.　b.　a.　c.

正解文：有名な大学を卒業した人が、
必ずしも { 職場　における　有能な　人材 }
とは限りませんよ。

【3】c.　d.　b.　a.

正解文：メールに { 添付された　リンクを
クリックした　とたん } パソコンの画面が
真っ黒になっちゃった。

【4】d.　b.　a.　c.

正解文：{ 物価が　上がる　ということは
とりもなおさず } 生活が苦しくなるってこと
だよね。

【5】d.　b.　a.　c.

正解文：{ そのわりに　あまり　いい成績
とは言えない } ね。

【6】c.　b.　d.　a.

正解文：あいにく { アメリカに　出張して
不在　です }。

【7】a.　d.　b.　c.

正解文：簡単な仕事より、あえて { 難しい
仕事を　選ぶ　の } ですね。

【8】a.　d.　c.　b.

正解文：{ ちなみに　どんな　ウイルス対策
ソフトで　除去 } できたの？

【9】d.　b.　a.　c.

正解文：{ したがって　次回の　定例会議は
4 月 12 日 } となります。

【10】d.　c.　a.　b.

正解文：{ やっと　終わったと　思ったら
次に } 長い来賓の話があって疲れちゃったね。

練習問題 4 < p.120 >

【1】	c	【2】	d
【3】	d	【4】	c
【5】	c	【6】	d
【7】	a	【8】	b
【9】	b	【10】	c

練習問題 5 < p.123 >

【1】（1）c．とつぜん
（2）b．あながち
（3）b．ただし

【2】（1）a．いわば
（2）c．いずれ
（3）b．そもそも

【3】（1）d．そもそも
（2）c．いわば
（3）b．ちなみに

【4】（1）b．そのわりに
（2）c．そもそも
（3）a．いわば

【5】（1）a．たちまち
（2）d．および
（3）d．すなわち

【6】（1）a．やがて
（2）d．とりもなおさず
（3）b．ついに

【7】（1）d．いずれ
（2）b．あえて
（3）c．まんざら

MEMO